人類の経験を背負う人

フィデル・カストロの「思索」

田中三郎

同時代社

目次

序　章　正義を激流の如く奔流せしめよ　9
1　高貴な魂は無限の存在に回復する　10
2　核戦争の危機・人類存続の危機　12
3　ハイティ大地震とキューバの医療協力　14

第1章　人類の経験を背負う「思索」の人　19
1　不死鳥の如く大病から復活したフィデル・カストロ　20
2　永遠に続く「思索」の闘い　23
3　気候変動による危機・人口増加と食糧不足による食糧危機　26
4　核戦争の危機・人類存続の危機　34
広島・長崎とミサイル危機・核の脅威／東日本大震災と福島原発事故／イランをめぐる核戦争／アメリカの核政策批判／核兵器とホモ・サピエンスの存続
5　政治危機・文明の危機　44
文明の危機／政治危機

第2章　私が体験したフィデル・カストロとキューバ　51

1　キューバへの想い　52
2　シンボルの椰子の木　53
3　清貧の思想、特に感じたこと　55
4　類い稀なリーダーシップ　56
5　指導者・文化人のモラルの高さ　57
6　カルロス・ラへ　58
7　指導者に共通の清貧の思想　61
8　ファン・アルメーダという指導者　63
9　ローマ法王のミサでのコーラス　66
10　エリアン事件とカストロ議長　67
11　人権を守るために機敏な行動　68
12　ハリケーン援助を要請のとき　70
13　ホセ・マルティ主義者として　72

第3章　フィデル・カストロが語るキューバ革命の精神　73

1　正義についてのカストロのことば　76

2 尊厳についてのカストロの深い思い 81
3 連帯精神——世界の無限の悲惨を背負う人 87
4 私の見たカストロの人柄 92
5 キューバの革命家 95
6 カストロの革命精神 102

第4章 平和を追い求めるフィデル・カストロ——105
1 高貴なパッションの人、カストロ 106
2 カストロの平和思想 108
3 人類が祖国 110
4 正義 112
5 尊厳 114
◉輝かしき「義の太陽」の恩恵への感謝 117

第5章 現代文明の危機を告発する単独の人、フィデル・カストロ——123
1 フィデル・カストロの「ひとりから」 124
2 カストロの絶対平和思想 126

3　「椰子より高く正義を掲げよ」　126
4　「ヒューマニズムの使徒」　128
5　カストロと革命キューバの過去、現在、未来　130

第6章　キューバ革命五〇周年を迎えたフィデル・カストロ——137

1　「素顔のカストロ」　139
2　「キューバ革命」の本質は何か　149
3　「キューバの使徒」ホセ・マルティ　153
4　在ペルー日本大使公邸人質事件　155
5　「私達の全てを、必要なら、私達の影をも与えなければならない」　156

第7章　日本が育て、持つべきはモラル・ミサイル——核問題の随想——159

1　広島・長崎の被爆体験　161
2　核・ミサイルでなく、モラル・ミサイルを　166
3　核の絶対否定（オバマのプラハ演説、ノーベル平和賞、日本訪問）　170
4　北朝鮮の核問題　176

第8章　ハイチと世界が必要とするのはヒューマニズムの使徒――ハイチ大地震に想うこと―― 183

1　キューバはハイチに兵士ではなく医者を送る　185
2　英雄精神に満ちたヒューマニズムの使徒　190
3　単なる博愛精神からは何も生まれない　195
4　新しい「革命」の途は？　200

第9章　果樹の花々の咲くロンドンの春――シモーヌ・ヴェイユの贈りもの―― 205

1　ロンドンの春、榛名高原の春　206
2　魂のふるさとを求めることの大切さ　210
3　尊厳は人間の権利ではなく義務。そのことが革命を育てる鍵？　218
4　魂が必要とするのは権利ではなく義務　221
5　シモーヌ・ヴェイユは義の勇者、真の革命家　229

第10章　人類の将来を示顕する人――人類の未来回復のための革命プレリュード―― 233

1　マルクス、シモーヌ・ヴェイユの理想を体現するフィデル・カストロ　234
2　革命キューバとフィデル・カストロの思想から観たシモーヌ・ヴェイユのマルクス論　240

3　人類の将来を示顕する人　246
4　「正義」とは犠牲（苦難）を受け入れる義務　252
5　地にありて天にある如く――超越的なものの力　261

あとがき　271

序章　正義を激流の如く奔流せしめよ

フィデル・カストロ・ルス

1 ＊ 高貴な魂は無限の存在に回復する

人類の歴史には、人類の永遠の運命を深く認識することができた人々がいる。私が「世界の無限の悲惨を背負う人々」と感じたフィデル・カストロは、そのような稀有な人々の一人である。

フィデル・カストロが敬愛し、「キューバの使徒」とよばれるホセ・マルティもその一人であるが、次のような言葉を残している。

「高貴に生きた人間、不滅となる価値のある人間は必ず不滅である。その人にとって、死は限りある存在を無限の存在に回復することを意味する」

真の革命家として高貴に生きているフィデル・カストロが不滅の存在であることは確実であるが、「死は限りある存在を無限の存在に回復する」ということばに不思議な想いを長年抱いてきた私は、東日本大震災を初めとする終末的な世界を凝視し、執筆を続けるフィデル・カストロの「思索」を読み続ける中で、「回復する」ことの本当の意味、そして、そのような、人類の経験を背負い、人類の永遠の運命を深く認識する人が放射する光を感じる想いがするようになった。そのことを、何とか伝えたいというのが、本書の目的である。

二〇〇六年七月末、八〇歳の誕生日の直前、長年の激務からの極度の疲労により大手術をし、その後病床に伏したフィデル・カストロは、闘病の中で新たな天職を発見し、二〇〇七年春より、党機関紙「グランマ」に精力的に「思索」を執筆し続けている。

「思索」がとりあげるのは、危機と絶滅に瀕する人類と世界が直面するリアルな問題であるが、その冷徹な筆づかいから放射されるふしぎな光と力は日に日に深まっている。ヴェネズエラのチャベス大統領は「思索」の愛読者のひとりであり、激務の中、度々ハバナのフィデル・カストロの病床を訪れ、助言、励ましを得ているが、「フィデルはこの世から離れたところにいる」と率直な印象を語っている。

フィデル・カストロは、「大西洋を埋め尽してもあふれるばかりの世界の凡庸な政治家」（フィデル・カストロのことば）と異なる義の勇者であるが、全地と諸国民をおおう暗黒を光明の世界に化すことはできない。暗黒の裡にありて、光明の証明者、正義と真理の証明者となっているのがフィデル・カストロである。真の革命家、フィデル・カストロは半世紀前に本来限りある生身の肉体の死を受け入れており、その高貴な精神（魂）は、生きている間に不滅となっている、あるいは、本来、永遠であるべき精神（魂）に回復しているというのが、私の強い想いである。

そして何よりも大切なことは、フィデル・カストロの不滅の精神の力は、この終末的世界に生きる全ての人々が、生死と係わりなく、不滅であり永遠の魂に回復する希望を与え続けることである。フィデル・カストロは、革命戦争の真最中、闘いの同志に「君たちの顔に輝く星」の力を訴えた。最近に至るまで、自らと国民に対して「最後の血の一滴まで闘う」と宣言したのも、肉体と血は消失しても高貴な精神は永遠であることを確信するフィデル・カストロの同一の精神である。大手術直後の病床からの国民に対する以下のような八〇歳誕生日のメッセージ（二〇〇六年八月一三日）は、不思議な光を放射している。「本日、八〇歳になった私は非常に幸せである。長年にわたり帝国（アメリカ）に抵抗し、困難を克服し、革命戦争の犠牲となった同志達は、よりよき世界が可能であることを証明してくれた。この同志達に永遠の栄光と名誉あれ！　そして、私は無限の敬意と愛情を献げたい」

2＊核戦争の危機・人類存続の危機

フィデル・カストロの精神の光がキューバから全世界に拡がっていることはいうまでもない。最大の懸念は、核戦争による人類の滅亡である。フィデル・カストロの「思索」は、二〇一〇年夏頃から連日の如く、イランをめぐる核戦争の危機が極めて深刻であることを冷静に分析し、必死の想いでオバマ大統領に対し、アメリカ（あるいはイスラエル）がイランを挑発しないように訴えている。二〇一〇年一一月、フィデルを訪れたチャベスに次のように語っている。「イランをとりまく中東地域には、大量の核兵器、大量破壊兵器が集積されており、現時点での一発の戦火は、通常兵器による戦争から核兵器にエスカレートし、人類は消滅するであろう」

イランの核開発阻止のため手段を選ばないアメリカとイスラエルの秘密工作機関が最近、イランの原子力科学者を次々と暗殺している偽善をアメリカ国民に知らせることなく、「アメリカの理念と力は強力であり、未来は明かるい。神よ、このアメリカを祝福し給え」と述べた二〇一一年一月末のオバマの年頭教書に対し、フィデル・カストロは「これほど多くの偽善を許すことは神にとって困難だと思う」と批判している。イラン、北朝鮮をめぐる核戦争の危険のみならず、フィデル・カストロは度々、広島、長崎の被爆体験に言及しながら、例えば「インド、パキスタン二ヶ国のみでも、保有する核兵器を全て投入した核戦争を実行すれば、地球全体が『核の冬』となり、人類は生存できなくなるであろう」という科学者の分析を紹介している。

「核戦争の危機に加え、気候変動による危機、人口増加と食糧不足による食糧危機、更に二〇一一年に入って顕在化している中近東（チュニジア、エジプト、リビア、シリアなど）における政治危機が同時に世界を襲っている。もし、E・Tがじっさいに存在して、この地球を訪れたら、現在起こっている地球の状況を理解することができず、とほうにくれるだろう」と記すフィデル・カストロは、「人類の将来は人間に代わるロボット、あるいはロボットに変化した人間にゆだねるべきではない」と述べ、「政治的指導者は、これらの危機を克服するのに不可欠な十分の冷静さと公平さを保有しているであろうか？　人類の将来はそのことにゆだねられている」と悲愴な想いを記している（二〇一一年二月一日「思索」）。

革命家フィデル・カストロは、神学者・宗教者のことばを語らないが、幼少の頃よりキリスト教思想に親しんで来ており、例えば使徒ヨハネの「黙示録」に記されているこの世の終末と新しい天地の創造に想いを馳せることもあるのではないだろうかというのが、東日本大震災・原発事故に直面した私の素朴な感想である。しかし、自らの命はいうまでもなく、自らの魂の救済をも放棄しているフィデル・カストロの精神の光は、世界の危機、地球の存続、人間の生死にかかわりなく、全ての人々が不滅で永遠の魂を回復することに向けられている。

3＊ハイティ大地震とキューバの医療協力

東日本大震災のほぼ一年前のハイティ大地震（二〇一〇年一月一二日）は、二二五万人の死者、多数の負傷者、一五〇万にのぼるホームレスの人々をもたらし、国全体が経済的に潰滅した状況の中、二〇一〇年一〇月、ハイティ駐留軍のネパール人兵士のコレラ菌が原因でコレラが発生し、数万の人々が感染し、死者は日々増加している（二〇一一年七月末現在五八〇〇人）。日本を含め国際社会から忘れ去られているが如きハイティの人道的危機に一人敢然と挑戦しているのがフィデル・カストロとキューバの医師達である。「キューバの医療チームは一二〇〇名に達し、コレラ患者が居住する山間部の村落を巡回し、必死の治療に専念している。患者数は二〇一〇年一一月末には七万五八八八人に達し、キューバ医療チームは二万七〇一五人を診察したが二五四人が死亡した。死亡率は〇・九四%であるが、他の患者を診察したNGOのメディカルチームの死亡率は三・〇三%（死者一七二一人）に達している。オバマ、クリントン（前大統領）は、アメリカによる大規模な人道援助を口にしたが、ハイティでの真の英雄はキューバであり、世界から無視されているキューバの貢献は世界の最大の秘密である。」これは、イギリスの「インディペンデント」紙（二〇一〇年一二月二六日）に掲載された記事をフィデル・カストロが「思索」に紹介したものである。

キューバのメディカルチームには、フィデル・カストロが一九九八年ハバナに創立したラテン・アメリカ医学校（ELAM）を卒業した中南米各国の若き医師達が参加している。フィデル・カストロは「英雄精神に満ちたヒューマニズムの使徒」ともういうべきこれらの医師団の献身ぶりの例を「思索」（二〇一〇年一一月三〇日）で次のように紹介している。

「一一月二九日、山間部の村落で新たなコレラ発生の情報に接したキューバ・メディカルチームは、直ちに五人の医師（ウルグアイ、パナマ、ニカラグア、ハイティ、キューバ）、三人の看護師、一人のリハビリ専門家を派遣した。グループは特殊な車で六キロ走行した後、六キロ歩行し、更に二キロの阻しい山道を重い装備をかついで上り、約五千人が居住する村落に到着した。村には道路、電気、商店もなく、唯一、プロテスタント教会だけがあり、教会の中に緊急手術室を設け、直ちに一〇名を治療し、夜間も持参した携行灯の光で治療を続けた」

フィデル・カストロとハイティで活躍するメディカル・チームは、キューバの誇る医療水準のみならず、その献身的な無私の精神で、患者の死亡率を最小限にくいとめ、また死にゆく人々にも真実の愛によって永遠の魂を与え、不滅な存在に回復させているのではないだろうか。私のキューバ在勤中も毎年の如く、アメリカの青年男女を引率してキューバを訪れていたアメリカの黒人牧師が、二〇一〇年七月末フィデルを訪れ、「巨大なハイティの困難を解決する方法は何か」と尋ねたのに対し、フィデル・カストロは「この現代の世界には解決というものはないだろう。しかし私が語る「未来」には回答がある」と応答した。しかしフィデル・カストロの人類の「未来」観は、悲観的であり、東日本震災による福島原発の放射能事故の直後の「思索」(二〇一一年三月一四日)では、「今やネオ・リベラルで帝国主義的な局面に入っている資本主義の消費社会は、気候変動と食糧価格の高騰とあいまって、数十億人の貧困レベルを悪化させ、世界を解決の得られない迷路に追い込んでいる」と記している。

現在の終末的な世界においては、貧しき人々、抑圧され、病いに苦しむ人々、死にゆく人々、そして全ての人々に愛の手を差しのべ、人々の永遠の魂の回復を祈るのがフィデル・カストロの想いではないだろうか。一四年ぶりに開催されたキューバ共産党第六回大会の閉会式に病身の姿を現わしたフィデル・カストロの悲愴感にあふれた容貌もそのことを映している。フィデル・カストロの革命思想に基礎をおいた人道主義的な医療協力は半世紀以上の歴史と実践を有している。一九五九年の革命直後の一九六〇年のチリ地震、一九六三年のアルジェリア地震から始まり、最近でも、インドネシア、パキスタン地震にも大規模の医療チームを派遣した、チェルノブイリ原発事故で被爆した多数のソ連の青少年を長年にわたって受け入れ治療している。私もキューバ在勤中、ハバナ近郊のタララ海岸で治療を受け、明るい表情でカリブの青い海でくつろぐ少年少女の姿に出会ったことがある。

大規模災害の援助にとどまらず、世界各国（七七ヶ国）に派遣されているキューバ人医師（七万五千人）と医療ワーカー（二万人）の地道な貢献は日本を初め国際社会では十分理解されていない。

最近では、ヴェネズエラ、ボリヴィアを中心として実施された「奇跡作戦」により、キューバ医師の努力により、三五ヶ国で一八〇万人の白内障の手術も成功させ、貧しき人々の光をとり戻した。この中に一九六七年ボリヴィアで民族解放闘争を行っていたチェ・ゲバラを上官の命令により射殺した元ボリヴィア軍兵士もいた。この兵士は目の光のみならず魂の光もあたえられたのではないだろうか。

ボリヴィア大統領、エヴォ・モラレスは二〇一〇年一〇月二一日、ボリヴィアの古都サンタ・クルスで開催された西側諸国を含む南北アメリカ国防相会議でのスピーチにおいて「キューバの医療、教育の協力は完全に無条件で行なわれ、キューバは何ひとつ要求しなかった。われわれが保有するわずかなものを共有しようという連帯精神こそ、私（モラレス）が、深く尊敬する同志フィデルから学んだことである」と語った。モラレスは帝国（アメリカ）による長年の抑圧の歴史を厳しく批判したこのスピーチにおいて、「今、参集しておられるあなた方（国防大臣）は、アンデスのビン・ラーデンと呼ばれる人物と会っている」と述べている。

モラレス、チャベスそして数百回に及ぶ暗殺計画の危険をくぐりぬけてきたフィデル・カストロは、生身の肉体の死を受け入れ、永遠の魂で、永遠の世界から、この世の暗黒と闘っている。

フィデル・カストロは、不屈・不滅の精神を二〇一一年一月一九日「思索」で次のように記している。

「われわれキューバ革命家は、誤ちを犯したこともある。主な誤ちは理想主義に燃えたって、世界の人々に正義と権利の尊厳があるべきだと信じたが、実際には、そのようなものはほとんど存在していないことである。しかし、われわれはそれにもかかわらず闘い続ける義務がある。われわれは今後とも誤ちを犯し続けるかも知れないが、絶対に裏切りの誤ちは犯すことはない。われわれは、これまで、偽り、偽善、便乗主義、法違反、力の乱用、倫理観の完全な欠如、虐待などの罪は犯したことはないし、今後ともないであろう。危機的な世界の問題を解決すべき人類は時を浪費してしまった。今こそ行動の時である」

半世紀にわたり、人間の尊厳と正義の理念により精神革命を推進してきたフィデル・カストロの魂は永遠に不滅の如くである。真実の精神革命（永遠なるものを持った魂）なくして、政治・社会革命はあり得ない。人類存続のために不可欠な改革・革命のため、私達が地にありて天にある如きフィデル・カストロから学ぶべき教訓は多く、貴重である。

第1章

人類の経験を背負う「思索」の人

「フィデルの思索」

1 ＊不死鳥の如く大病から復活したフィデル・カストロ

二〇〇六年春、私が生活を送っている上州、榛名高原では、紅梅・白梅、うすピンクの染井吉野、豪華な花びらの八重桜、つつじ、黄色の菜の花畑、深々とした新緑と静かに季節が移り変わっていった。梅雨に入った頃、キューバ側から、「フィデル・カストロ生誕八〇周年祝賀会」を主催する民間財団から参加招請が寄せられた。長年の激務のため体調を崩していたので、キューバ訪問は不可能だろうと残念に思っていたところ、七月末突然、フィデル・カストロが病に倒れ、大手術を受けたこともあり、八月一三日の誕生祝賀会はキャンセルされたという通報に接した。死亡説も流される状況で、私もキューバの人々同様、驚くと共に無事と早期の回復を祈った。

フィデル・カストロは生死に係わるような大手術を受ける直前、七月三一日夜次のような国民宛のメッセージを執筆し党機関紙「グランマ」に発表した。

「七月二六日のモンカダ五三周年行事関連の激務のため発生した激しい腸の障害の手術、また、不眠不休の極度の疲労とストレスが原因となった障害の手術が必要となったため、私は、責任と義務を果せなくなった。国民と革命が歴史的遺産を守りぬき、思想の闘争を最後まで継続することを確信している」

フィデル・カストロは、その後、驚異的な体力と精神力により、死の危機を脱し、闘病生活を必死の覚悟で継続している。手術から半月ばかり後の八月一三日の誕生日には次のようなメッセージを国民に寄せて、不安な気持ちの国民を勇気づけた。

「本日、八〇歳を迎えた私は非常に幸せである。長年にわたり帝国（アメリカ）に抵抗し、困難を克服してきた闘争の同志達は、よりよき世界が可能であることを証明してくれた。この同志達に永遠の栄光あれ！」

フィデル・カストロが「同志」を語る時、フィデルの想いは、単に闘争の同志のみならず、キューバ革命を支えてきたキューバの人々、更には世界各国の革命家の群像に延びており、これらの高貴な精神の人々の永遠、不滅の魂に対する無限の敬意と愛情の想いである。

二〇〇六年中、フィデル・カストロは闘病に専念し、国民の前に姿を見せることはできない状況にあったので、九月四日、次のような率直なメッセージを発表した。

「最近、テレビ、新聞に現れた私の姿がやせているのに国民の皆さんはがっかりされたと思う。手術後、二〜三日で四一ポンド体重が減り、三四日経って、やっと手術後最後の抜糸をしたところである。危険な状況は過ぎ、私は順調に回復しているが、完全に回復するには時間がかかるであろう。私は国民の皆さんに無限に感謝の想いを抱いている」

フィデル・カストロの国民に対する感謝の想いは、二〇〇七年春より執筆を開始した「思索」でも度々ふれられているが、二〇一〇年七月二七日の「思索」では次のように記している。

「革命戦争で犠牲となった同志達に永遠の栄光と名誉あれ！　そして私は、これらの人々に（国民全員に）無限の敬意と愛情を献げる」

また同じ頃、「幾世代にもわたるキューバ国民の努力に対し深い感動を覚える」と記しているが、「私は国民の奴隷である」とも語るフィデル・カストロの国民との一体感、義務感の純粋さは、私も体験している。

フィデル・カストロは、闘病のプロセスで、新しい天職ともいうべき「思索」に専念することを決意した経緯について、二〇〇七年五月二三日の「思索」で次のように語っている。なお、この「思索」のタイトルは「聞く耳をもたない人に訴える」（食糧問題）となっている。

「私は、国民の皆さんに何回か、回復に危険が伴うことを語ったことが不安を与えたことをよく知っている。私が、再び、オリーブ・グリーンの軍服姿で公開の席に姿を見せるのはいつ来るのであろうかなどの議論もなされた。実は、一回の手術ではなく、数回にわたる手術が必要となり、最初は成功しなかったため、回復に長期間を必要とした。何ヶ月もの間、私の栄養は点滴と流動食によるものであり、私は国民の皆さんに失望感を与えないため公表しなかった。現在は回復に必要な食物は全て口から入れることができている。最大の危険の原因は、私が高齢であること、そして、私が長年の激務で酷使してしまった肉体の状況にあった」

「今は、私の義務と考えることのみをおこなっている。特に、重要で永遠にかかわると判断する問題を考察し、『思索』を記している。多くの課題がある。今は、髪やひげを切ったり、ドレス・アップしたり、写真やフィルム撮影に費やす時間はない。幸い、私の健康は回復し、体重も八〇キロに落着いている。『思索』をできる限り簡潔にし、その他の時間は、読書、情報収集、同志との電話による会議、そして回復に不可欠なリハビリを実行している。『思索』において私が知っている全てのことを記したり、批判することは、私の立場上不可能であるが『決して偽りは語らない』というモットーを真実に守るつもりである」

2＊永遠に続く「思索」の闘い

「思索」の誕生の経緯は、このようにフィデル・カストロが記しているとおりである。その後、現在に至るまで継続して執筆されている「思索」を読むと、生命の続く限り思想の闘いを激しく闘い続けるという悲愴な決意を感じる。「思索」の内容と量は自由自在であり、最近では数人のチーム・メンバーが情報収集、要約の作成など「思索」の作成に協力しており、この「思索」の闘いは、キューバと人類が存続する限り永遠に続くのではないかと想わせる迫力と切迫感にあふれている。

闘病と「思索」の誕生を率直に記した上述の「思索」から五日後、五月二八日の「思索」は「思想を殺すことはできない」と題し、フィデル・カストロの真剣な想いを反映している。

この簡潔な「思索」の内容は、アメリカのイラク戦争批判であり、「イラクではすでに（二〇〇七年五月までに）六〇万人が死亡し、二〇〇万人以上の人々が国外に避難している」。アメリカ侵略の責任者ブッシュは、最近、キューバ問題に関する質問に対し、「私は強硬派でありただカストロの死だけを待っている」と応答したことを記し、「モンカダ兵営襲撃（一九五三年七月二六日）失敗後、逃避中の私（カストロ）を発見し、殺害しようとした政府（バティスタ）軍兵士に対し、黒人隊長のサリアは「思想を殺すことはできない」と述べ兵士を阻止した」ことを記し、「思想を殺すことはできない」というすばらしいことばを「ブッシュに捧げたい」と淡々と語っている。

フィデル・カストロの思想の闘い、「思索」は半世紀以上にわたり、現実の行動と結びついた壮絶な闘争であるが、二〇〇〇年五月一日のメーデー・スピーチにおける、次のような思想は今や「革命のリーダー」としてキューバ国民に敬愛されているフィデル・カストロの思想の結晶ともいえるもので、現在も、キューバの若い世代のリーダーにとって貴重な指針となっている。

「革命とは歴史の感覚をしっかりと保有することである。それ（革命）は、変革されるべき全てのものを変革し、完全な平等と自由を実現し、人間が人間として尊敬され、尊敬することである。それは、われわれ自身が自らの努力によって解放を実現することであり、社会と国家を支配する勢力に挑戦することである。それは、いかなる犠牲を払っても守るべきであると信じる価値を守ることである。それは謙虚さ、無私の精神、他者の尊重、連帯、英雄精神であり、勇気、知性とリアリズムを持って闘い、絶対に偽わりを行なわず、倫理的な原理を破らないことである。それは、真理と思想の力を打破できるいかなる精力も世界に存在しないという事実を深く確信することである。革命の意味するところのものは、結束、独立であり、キューバと世界における正義という夢の実現に向って闘うことであり、このことが、私達キューバの愛国心、社会主義、国際主義の根本思想である」

二〇〇六年七月末病に倒れたフィデル・カストロは、病床から「私の生涯」の改訂版執筆を続け、二〇〇六年一二月に完成させ、二〇〇七年三月より「思索」の執筆を開始し、現在も継続している。二〇〇八年春には、国家評議会議長（国家元首）の地位も離れ、二〇一一年四月の第六回党大会でキューバ共産党第一書記の肩書きも消えたが、「思索」は健在であり、最近では、チャヴェス、モラレスなど世界各国の大統領や指導者の他、日本のピースボートのメンバーなど一般の人々とも会見するなど、体調は順調に回復しているように思われる。

キューバ国民は、そのようなフィデル・カストロを「キューバ革命のリーダー」と呼んで敬愛しており、「キューバの使徒」ともよばれるホセ・マルティの如き歴史的な存在になりつつあるといえる。

フィデル・カストロは、人類の運命を深く認識し、人類の経験を背負う希有の人である。その思想の闘いは真剣、壮絶であり、絶対に希望を放棄しない。「思想は核兵器よりも強力であり得る」（二〇一〇年一二月一四日「思索」）と確信し、最近は二〇一一年四月一四日及び五月二五日の二部、六〇頁以上の長文の「思索」（「ヒロン湾の闘い」）の中で、「正しき思想と目的は洞窟の底からでも、軍隊より多くの役割を果たすことができる」というホセ・マルティのことばを紹介している。

この数年間の「思索」の内容は、あらゆる問題をとりあげており、そのタイトルを紹介するだけでも意義があると思えるが、限られた紙面の本書では、フィデル・カストロが特に人類の危機として、人々に解決の努力を訴えている「気候変動による危機」「人口増加と食糧不足による食糧危機」「核戦争の危機」及び最近の中近東情勢を含む「政治危機」に焦点をあて簡潔に紹介したい。なお、核問題については、第7章「日本が育て、必要とするのはモラル・ミサイル」においても、キューバミサイル危機（一九六二年一〇月）のフィデル・カストロとキューバの思想を論じている。

3＊気候変動による危機・人口増加と食糧不足による食糧危機

二〇年以上前、フィデル・カストロは、「絶滅の危機に瀕している種、それは人類である」と明言していたが、その危機の最大の原因は、気候変動、人口増加、食糧不足による食糧危機であり、これらの問題が密接に関連していることはいうまでもない。関東大震災（一九二三年九月一日）の頃の資料を読むと、その当時世界の科学者は、「現時点での世界の人口一八億人は、二〇〇年後には六〇億人となり、地球はそれ以上の人口を支えることは不可能となろう」と予測していたが、現実の人口増加は遙かに予想を超えるスピードで危機に近づいている。

二〇一一年一月一三日「思索」は「行動をとるべき時期が来た」と題し、深刻な食糧危機について次のように警告している。

「世界の人口は一九七〇年以降倍増し、六九億人の現在の人口はやがて七〇億人に達するが、そのうちの一〇億人が、気候変動などの原因により、飢餓と栄養不足に苦しんでいる。

　今後毎年八千万人、一日二一万九千人の人口が増加すると予想され、農業の生産力と地球（大地）の農耕可能性と水の供給は限界に達するであろう。この危機はアメリカを中心とする世界の主要発展国、そして人類自身がもたらした経済、政治危機に起因する。全ての大陸で発生している異常気象は最近特に深刻である――世界各地の酷暑（日本、ロシアなど）、森林火災、中国の大雨と飢饉、インド・中国・パキスタンに危険な状況をもたらすおそれがあるヒマラヤ山系の水資源の涸渇、オーストラリアの豪雨と洪水、欧州、アメリカ、カナダにおける異常な寒気による被害、コロンビア、ヴェネズエラ、ブラジルでの記録的な豪雨など異常気象により、麦、豆、とうもろこし、米を初めとする穀物、野菜の生産は危機に瀕しており、人類は早急に対応をとる責任を有している」

　フィデル・カストロは、世界のいかなる政治リーダーよりも早い段階から（リオ・デ・ジャネイロの国連環境会議など）、地球温暖化など気候変動による食糧危機がもたらす人類の深刻な危機を警告したが、二〇一一年五月一九日「思索」での次のような警告は悲愴感にあふれている。

「人類が直面している危機は、二〇年前、私が、絶滅の危機に瀕している種―『人類』と警告した時より、現在は極めてリアルで深刻である。人類が存続する限り、われわれは、この危機に直面しても楽観的であり続ける神聖な義務を有している。倫理的に考えれば、このような態度をとること以外、許される選択はない」

フィデル・カストロは、「極めてリアルで深刻である」と警告する危機の最近の状況について、二〇一一年一月三〇日「思索」では、アメリカの著名な専門家レスター・ブラウンの次のような分析を紹介している。

「毎年八千万人のペースで増加する世界の人口は、穀物消費の急増をもたらし、小麦など食糧価格の高騰をもたらしている。世界の穀物消費は、一九九〇～二〇〇五年頃は年間二千一〇〇万トンレベルであったが、二〇〇五～二〇一〇年の頃には四千一〇〇万トンと倍増している。発展途上国における食肉、ミルク、卵の消費量増加は驚異的である。需要の急増に比較して、供給に大きな問題、危機的現象が現われている。アメリカではエタノール生産増加のため穀物をめぐって車と人間（食糧）の間の競争が始まっている。より深刻なのは土壌の悪化と農業生産性の低下である。世界の穀物生産可能の土壌の三分の一の栄養分のある上層の土が消滅している。中国北西部からモンゴル西部そして中央アジアに広がる部分とアメリカ中央部に広がる巨大な砂塵のかたまりが、大量の貴重な土壌を大気中に放出してしまっている。水の供給も深刻になっている。サウディアラビア、シリア、イラクなど中近東諸国における灌漑地域が急速に減少し、インドの水不足も危機的である。温暖化による摂氏一度の上昇は一〇％の穀物生産の減少をもたらすであろう。最近食糧生産の安定に脅威を与えるものとして発見されたのは、ヒマラヤ山系とチベット高原の山岳地域の氷河がとけ始めている現象である。インダス、ガンジス、メコン、揚子江などアジアの主要な河川の水源が危機に瀕している。

より長期的視点からは、グリーンランドと北極西部の氷河が解凍しつつあることは、海水温度の上昇とあいまって、今世紀末までに、海水面の高さを六フィート上昇させ、バングラデッシュ、メコン・デルタ、ヴェトナムなどの米・食糧生産は壊滅的な影響を受けるであろう」

フィデル・カストロはこのような食糧危機におけるバイオ燃料構想が極めて深刻な悪影響をっもたらすことを世界のどのリーダーよりも早く警告し、「思索」の執筆もこの問題を世界に訴える必死の想いから開始されている。

二〇〇七年三月二八日「思索」のタイトルは「三〇億人以上の人々が飢えにより死亡している」とされ、四月三日「思索」は「直ちにエネルギー革命を実現することが必要」と題し、自らの砂糖きび畑での労苦を例に引きながら、次のように論じている。

「数十億トンのとうもろこしが、アメリカ、ヨーロッパのバイオ燃料生産に使用されれば、世界の飢餓が激化する。コロンブスの「アメリカ大陸発見」の頃、五億人にすぎなかった世界の人口は、一八三〇年には一〇億人に増加、現在七〇億人に近い人類の大多数は、今後、動物、バイオ燃料と競争して食糧獲得に狂奔する必要がでてくる。バイオ燃料構想は、本質的にアメリカが石油、天然ガスの海外依存から自由になるための多国籍企業を支配する計画である」

「例えば砂糖きび生産は奴隷制と結びついていた。キューバ、ハイティ、カリブ海諸国、ブラジルでも奴隷が酷使された。私（フィデル・カストロ）も、他の革命家と同様に道義的責任として、何回か砂糖きび収穫の労働に従事した。一九六九年八月、ハバナ近郊の農園に行き、大きく成長した砂糖きびを刈り取った。早朝から四時間、休みなしで働き、一日で三・四トン収穫した。一九七〇年は年間一千万トン生産を目標と掲げ、四三歳になった私も、肉体労働に参加して革命家の義務を遂行したが、刈り取りに使用するマチエテの鋭い刃が足を保護していた靴を破って左足を傷つけてしまったので、奉仕活動を中止せざるを得なかった」

労働を人間の神聖な義務と考え、革命のリーダー、国家元首となってからも誠実に実行してるのがフィデル・カストロである。激しい労働の後も「簡単にシャワーを浴び、静かに昼食をとった後、就寝の時間まで革命家としての仕事を続けた」と同じ「思索」で記しているが、アメリカによるヒロン湾侵攻、ミサイル危機、ソ連・東欧の崩壊など想像を絶する困難を克服し、更に病に倒れた後も、人類の経験と運命を背負って働き続ける姿は感動的である。

「思索」が真剣に食糧危機を論じていた二〇〇七年五月、ハバナで「第六回南北アメリカ大陸会議」が開催され、五月一四日「思索」は「ハバナ会議の教訓」と題し、次のように論じている。

「過去二〇年間の戦争の大半はエネルギー支配のための闘争であった。最近のエタノール生産の拡大は、多くの農民を自らの土地から追放し、「砂糖きび経済」ともいうべき抑圧の状況に依存させており、ブラジルのサンパウロ州のみで過去五年間に六三八三名が死亡している。砂糖きびの収穫作業は、実に苛酷な労働で、奴隷の仕事であった」

エタノール生産の悪について、五月三日「思索」は「バイオ燃料議論が高まっている」と題し、次のように警告している。

「食糧を燃料に変換させるのは悪魔的行為である。少数の特権階級の富を守るため、環境を悪化させ、南半球の貧しい国々に安楽死をもたらそうとしている非合法的な行為を正当化させようとする試みである。近く七六億人に増加する世界の人々の大多数にとって、食糧価格が高騰し、手が届かなくなるであろう」

食糧危機を集中的に論じた「思索」は、フィデル・カストロの深刻な認識を反映するが如く、二〇〇七年五月七日「思索」（「人類を絶滅の危機に追い込んでいる悲劇」）で次のようにまとめられている。

「ダモクレスの刃の如く、地球温暖化が人類に襲いかかっている。三〇年前、地球上のほとんどの人々は、この危機に無知であったが、現在でも、大なる無知と混乱が、この問題をおおっている。二〇〇二年一二月二六日、インドネシアとインド洋湾岸諸国を襲った大津波は二三万人の死者、行方不明者をもたらし、二〇〇万人以上の避難民は現在も適当な住居も与えられていない。第三世界といわれる発展途上国の資源はアメリカを始めとする先進諸国によって搾取され、ラテン・アメリカにおける貧富の格差は世界でも最悪となっている。ブッシュ・アメリカ大統領は、発展途上国の天然資源と労働力を搾取し、数百万人の人々の生活を根こそぎにするだけで満足しないかの如く、二〇〇二年には、アメリカ軍は世界の六〇ヶ国以上の国々に対し予防攻撃を実施する用意があると宣言した。このようなブッシュの黙示録的で邪悪な思想は徹底的に批判されるべきであり、いかなる譲歩も許すべきではないという私の確信は、南米を中心とする各国の代表の代表七〇〇人以上のハバナでの会議で再確認された」

食糧危機に関するフィデル・カストロの警告のことばが説得力と迫力を有するのは、フィデル・カストロの生まれつきの正義感と革命家としての長年にわたって燃やし続けている弱者、貧困、不正、不平等に対する鋭い感受性と鋼鉄の如き闘志による。キューバ革命の指針、バイブルとなった「歴史は私に無罪を宣告するであろう」（一九五三年一〇月一六日）と題された法廷弁論で次のように述べている。

「五〇万の農業労働者は貧弱な小屋に住み、一年のうち四ヶ月しか働けず、子供達と貧しさを共にしながら、残りの月日を飢えながら過ごす。一〇万の小農は、自分達のものでない土地で、悲しみを持って働いて死んでいく。土地を耕して美しくするため一本のレモンやオレンジの木を植えることも許されない。六〇万の失業者。四〇万の工場労働者は果てしない労働の一生の後、休息は墓場にしかない。多くの子供達は、裸足で半分裸で栄養不良で、施設も与えられず窮乏のうちに苦しみながら死んでいく。子供たちの無邪気な目には死のかげがあり、あたかも人間の利己主義に宥しを請い、神の怒りを押さえることを祈るかのように無限のかなたを見つめている」

国民ひとりひとりの生きるための食糧に対するフィデル・カストロの想いがいかに真剣で真摯なものであるかを私の体験から強く印象づけられたことがある。一九九八年三月、ハリケーンに襲われたキューバは前年からの旱魃とあいまって食糧事情が悪化し、九月二五日深夜、私は、緊急援助米（七万八千トン）の要請をうけた。フィデル・カストロ直々の決定による要請であったが、キューバ政府代表との会談の後、ハリケーンの風雨で車も人通りも絶えたハバナの街を車で戻る途中、フィデル・

カストロの乗用車と警備の車が、執務室のある革命宮殿の方向に疾走していくのに遭遇した。弱き者に対する献身的な想いと行動力を深く感じ、私の胸は熱くなった瞬間を今でも鮮明に記憶している。一〇月下旬、日本政府は一〇億円の緊急人道援助を決定したが、フィデル・カストロは多忙なスケジュールの中、私との会談をアレンジし、真剣な表情で次のように謝意を表明した。「日本の援助、一〇億円で購入できる約二万五千トンを、一四歳までの児童、六〇歳以上の老人、約四〇〇万人のハリケーン・旱魃被害者の人々に、一人、毎月五〇〇グラム、一〇ヶ月間援助できることになった。日本政府に深く感謝している」会談の終りには、「一日も早く、米の援助を実現していただきたい」と、熱意を持って語るフィデル・カストロの姿は国家元首というより、子を思う親の必死な姿のように思われた。

フィデル・カストロのキューバ国民に対するこのような生命尊重の想いは、中南米、更には世界各国の貧困と飢餓に苦しむ人々に向けられ、半世紀に及ぶ実践に支えられていることが、食糧危機に対するフィデル・カストロの「思索」の重要性と力（パワー）を裏づけている。

4＊核戦争の危機・人類存続の危機

◉広島・長崎とミサイル危機・核の脅威

広島・長崎の原爆投下から一度だけ人類が核戦争の危機に直面した「キューバ・ミサイル危機」（一九六二年一〇月）から　明二〇一二年は五〇周年を迎える。核戦争によるキューバとキューバ国民の絶滅を覚悟させられた悲愴な経験を有するフィデル・カストロは、核戦争による世界と人類の絶滅の危機という終末的な悲劇をリアルなイマジネーションで語ることができる世界で、あるいは人類の歴史上唯一人の政治的リーダーではないかと思う。人類の歴史の重荷を背負い、人類の永遠の運命を深く認識することのできる稀有な人、フィデル・カストロの核の危機に関する「思索」、ことばは説得力があり、深く胸にひびく。日本と世界の人々はそのことばをもっと理解してほしいと思う。

「ミサイル危機」のことは、第7章「日本が育て、必要とするのはモラル・ミサイル」に記したが、フィデル・カストロにとって重要な役割を果しているのは、広島・長崎の存在と長年の悲願であった広島訪問である。滞在日数の制約で長崎訪問は実現できなかったが、私は、長崎被爆のことを知ってもらいたいと思い、永井隆博士のスペイン語訳伝記を、非公式にフィデル・カストロとキューバのリーダーに届けてもらったことがある。

広島訪問については、第4章「平和を追い求めるフィデル・カストロ」で記しているので、フィデル・カストロが広島・長崎の原爆投下を世界の危機、「犠牲」の象徴として真正面からとらえて論じた二〇〇四年一月の革命四五周年のスピーチを簡潔に紹介したい。二〇〇三年三月の広島訪問直後、フィデル・カストロはキューバ国会でのスピーチにおいて「われわれが受けた深い衝撃を表現するためには、いかに多くのことばと時間を費やしても足りない」と語ったが、その「深い衝撃」の想いをこめて、次のように語っている。

「広島の上空で、最初の核兵器が爆発した瞬間、化学技術は、地球上の人間の生命を破滅させることのできる道具を創造したことが明らかになった。現在、数万個の核兵器が存在し、人類はその存在そのものを脅かす核兵器のくもの巣の真っ只中で生存している。」

フィデル・カストロは「食糧危機」をギリシャ悲劇の「ダモクレス」の剣に例えたが、核の脅威についても、古代史のギリシャ都市国家とペルシャの闘いに例えて次のように語る。

「かってわずか三〇〇人のスパルタ軍が守るテルモピレス海峡を巨大な軍隊で襲撃したペルシャの皇帝が豪語したように、現在、ある国の指導者が『われわれの核兵器は、太陽をかくしてしまうことができる』と豪語しても不思議ではない。この地球という惑星に生きる数十億の人間の生命が、ほんの少数の人間が考え、信じ、決定することに依存している。われわれ全てを人質にするこのような愚かで、前代未聞の状況に終止符を打つ権利を有しており、この状況を放置するならば、この地球上に住む人間が再び『文明』を語ることは不可能となるであろう」

核の危機を語るフィデル・カストロの想いの深さと想像力は、極めてリアルで深刻であり、最近に至るまでの「思索」にも反映されている。「核なき世界」を語ったオバマのプラハ演説、その後のノーベル賞受賞にフィデル・カストロが終始懐疑的であるのは当然のことと思われる。最近、二〇一一年三月一八日「思索」は、リビア空爆を続けるアメリカを盟主とするNATOの核を含む軍事力の愚かさについて次のように指摘している。

「専門家によれば、NATOは、五五〇万の兵力、一万九八四五の戦車、五万七九三八の軍装備車輌、六四九二の戦闘機、二四八二のヘリコプター、一九の空母、一五六の潜水艦、三〇三の戦闘機に加えて、五七二八の核ミサイルそして数万の核兵器を保有している。その核の破壊力は広島・長崎に投下された原爆の数十万倍以上に及び、これらの愚かな軍事力の破壊力を行使するためには、数十個の地球・惑星が必要である。愚劣な核兵器と軍事力は使用されることはないであろうし、使用することも不可能である。その唯一の目的は、資本主義が生み出してきた浪費と混乱を世界に証明するだけにすぎない。」

リビア空爆に核兵器が使用されることはないであろうが、朝鮮半島、イラン問題に係わる核戦争の危機に対するフィデル・カストロの懸念は極めて深刻であり、「思想の力は核兵器の威力よりも遙かに強力である」と述べ(二〇一〇年一二月一四日「思索」)、世界の人々に絶望することなく、核の脅威と戦うことを繰り返し訴えている。

●東日本大震災と福島原発事故

東日本大震災と原発事故については、フィデル・カストロは、二〇一一年三月一一日深夜（二二時一二分）に記した「思索」で早々ととりあげている。実は、この「思索」は同時期に起こったリビアの政治危機と併せて「二つの地震」と題されている。大地震については、次のような想いを記している。

「地球全体の軸に大きな変化が起きた。この二年間、ハイティ、チリに続く日本の大地震の如き悲劇に人間を責めることはできない。日本は不必要で非人道的な核攻撃を史上初めて体験したが、その勤勉な国民を今や全ての国ができる限り援助するであろう」

「世界全体に脅威を与える大事故」と類する二〇一一年三月一四日「思索」は、福島原発事故に関する「大地震・津波・原発事故で日本は破滅」などの世界各国の報道ぶりを紹介し、その中で「一七名のアメリカ兵から微量の放射能が検出されたことを理由に、アメリカ国防省は、横須賀に配備されていた第七艦隊の艦船の移動を命令した」とも記し、「日本の原発事故は、原子力発電所の拡散に反対する世界の人々の抵抗を加速化させるであろう」と予測している。

原発の危険性については、フィデル・カストロは二〇〇九年二月四日「思索」でも明確なことばで指摘している。「オバマの政策と倫理の矛盾」と題するこの「思索」で次のようにオバマ（アメリカ）の原発推進に警告している。

「オバマはエネルギー供給源として原子力発電の建設を早急に進めようとしている。しかし、原発は人命、環境、食糧に対し悲劇的な結果をもたらす恐れのある事故発生の可能性が極めて高いので、多くの人々が反対している。このような大事故の発生を防止することは絶対に不可能である」

二〇一一年三月二八日「思索」は、「福島原発事故は極めて悲惨な悲劇で、その影響は今後の討論に待たなければならない」と記し「天皇陛下が大地震・津波・原発事故の被害者に深い憂慮の想いを表明した」ことも紹介している。キューバはチェルノブイリ事故の被災者の子供の治療のため一九九六年にハバナ郊外のタララに被爆者治療特別施設を設立し、一〇年以上の長期間にわたり、ロシア、ルーマニアその他の諸国から一万五三〇〇名もの子供を招待して治療している。フィデル・カストロの人命尊重と人間の尊厳に対する想いは真剣である。一九九五年の神戸大震災の時にもキューバは援助の手を差し延べたが、一九九九年九月の東海村原発事故の時には、私は、直接フィデル・カストロの提案によるものとしてキューバ政府から被爆者の治療についての協力の申し出を受けた。

◉イランをめぐる核戦争

ミサイル危機を体験したフィデル・カストロにとって、核の脅威は原発より遥かに深刻である。二〇一〇年夏から秋にかけて、イランをめぐる核戦争を真剣に懸念したフィデル・カストロは、連日の如く、情勢分析を「思索」で展開した。イランの核開発を阻止するため、更にはアメリカの同意なく一方的にイランの原子力施設の予防攻撃を強行しようちするイスラエルの暴挙を阻止するためにも、イランに厳しい制裁・制限措置を課する国連決議が採択されたことで、それに反発するイランとアメリカ・イスラエルとの間で武力衝突が発生し、中近東全体が核戦争にまきこまれ、人類の存続が危機に瀕する現実性が極度に高まったというのがフィデル・カストロの分析であり、世界に対する警告であった。イランが慎重に抑制された行動をとっていることもあり、現在まで、核戦争は回避されているが、「イランの核開発を絶対に阻止しようとするイスラエルとアメリカの諜報機関（モサド、CIA）が、イギリスなど欧州諸国の了解を得た上で、イランの原子力（物理）科学者の暗殺計画を実行しており、二〇一〇年一一月三〇日の暗殺を含め三名の著名な科学者が犠牲となっている」事実をフィデル・カストロは二〇一一年一月六日「思索」で明らかにしている。アインシュタインはかって「原子に含まれる巨大な力が解放され、全てを変化させたが、人間の思考だけは変化できず、人類はこれまでに類を見ない破局に向って進展している」と警告している。フィデル・カストロは、相対性理論の科学者アインシュタインには敬意を表しているが、ルーズベルト大統領にアメリカによる原爆の開発を強く勧奨し、広島・長崎への投下が実行されたことを厳しく批判しており、「原子物理学者の組織的な暗殺が国家の公式な政策にまで進展したことに対しアインシュタインはどのように答えられるのか?」と二〇一一年一月六日「思索」で詰問している。

◉アメリカの核政策批判

フィデル・カストロは若き時より大変な勉強家であった。革命のリーダー、国家元首になってからも「毎朝、何百頁にもなる世界各地からの情報に目を通している」と私に語っていた。「思索」に専念するようになってから、この数年間のフィデル・カストロの読書、研究の真剣さは驚異的である。知識欲でなく「長年の政治家であり闘士としての責任」（二〇〇九年二月四日「思索」）から、人類と文明の危機を解決するため真実を世界に知らせたいという真剣な想いによるものである。とくに、アメリカ大統領の発言、行動については精力的に研究し、分析・批評を加えている。

二〇〇九年六月八日「思索」で「オバマのカイロスピーチ」（二〇〇九年六月四日）を詳しく紹介し、批評しているのは、その代表的な例である。「オバマがカトリックの大聖堂、キリスト教の教会、イスラム教のモスクあるいはユダヤ教の教会（シナゴグ）、どこで演説しているのか判らなくなる」とフィデル・カストロが末尾に記しているように、オバマは、このスピーチで、広汎な政治、歴史、宗教の問題をとりあげているが、ここでは「イランの核開発問題」のみをとりあげたい。

オバマ・スピーチは「冷戦時代、アメリカは、民主的に選出されたイラン政府を崩壊させる役割を果たした」ことを認め、「イランとアメリカの幾世代にも及ぶ相互不信を解消するため、相互信頼と決意を持って対処すべきである」と述べるが、いわば、唐突な感じで、「いかなる国も核兵器を保有すべきではなく、アメリカは、核兵器の無い世界を追求する」と主張している。これに対しフィデル・カストロの「思索」は次のように厳しくアメリカの偽善を糾弾している。

「アメリカは全く無防備の広島、長崎に原爆を投下し、その効果を確かめた。あわれにも原爆により生命を奪われたのは、子供、女性、老人が多かった」（オバマはカイロ・スピーチで、「アメリカは、アフガニスタン、イラク、いかなる国でも、無実の人々、女性、子供の殺害には反対である」と述べている）。

「アメリカは、イスラエルのパレスチナに対するテロ行為を阻止することはなく、むしろイスラエルを世界でも最も進んだ核保有国に育てあげ、アラブ・イスラムの中東地域をこの地球で最も危険な地域にしてしまった責任を有している。しかも、アメリカはイスラエルを通じて南アフリカの白人政権に核兵器を供与させ、当時（一九八五年頃）、アンゴラの独立維持のため闘っていたキューバ兵に対して原爆投下の危険があった歴史的事実はオバマも承知しているはずである。いずれにせよ、イスラエルの核兵器と侵略は世界平和にとっての脅威となっている」

◉核兵器とホモ・サピエンスの存続

フィデル・カストロは核の危機に関する真剣な想いを総括するような形で、二〇一〇年一〇月七日、一〇月八日の両日「核兵器とホモ・サピエンスの存続」と題する「思索」を発表している。なお、一〇月八日は「チェ・ゲバラが殺害されてから四三周年になる」と付記している。広島の原爆資料館を視察して核兵器（原子力）の威力と非人道的な性格に深い衝撃を受けたフィデル・カストロは、度々、アメリカの原爆投下を強く批判してきているが、この「思索」の冒頭でも、次のように記している。

「摂氏三千度で、全ての金属、物質は溶解する。一万度ならば、あるいは原爆の爆発により数万度ならばこの地球、宇宙はどうなるのであろうか？　トルーマン（元アメリカ大統領）は一九四五年七月二五日付日記にニューメキシコでの原爆実験の成果を次のように記述している。

「一一三ポンドに達する爆発物（原爆）は、六〇フィートの高さの鉄塔を完全に溶解、崩壊させ、深さ六フィート直径一二〇〇フィートの巨大な穴を作り出し、二分の一マイル離れた鉄塔を倒壊させ、一万ヤード離れた地点の人々を倒し、爆発は二〇〇マイル以上の地点から観測することができ、爆発音は四〇マイル以上の地点でも聞こえた」

フィデル・カストロは、最近公表されたと思われるトルーマン日記の次のようなことばも別の「思索」で紹介している。

「残念な日本人に対して、この威力ある原爆を使用することはやむを得ない。古い都（京都）と今の首都に投下することは、かん弁してやるが、広島も市内の軍事施設のみを目標として投下するので原爆は正当な軍事作戦である」

核の危機に関するこの二部からの長文の「思索」は、その頃（二〇一〇年一〇月）、ハバナ大学で講演した二名の専門家の分析を紹介している。その一人、「核の冬」の専門家であるアメリカ人のアラン・ロボック（Alan Robock）の講演要旨は次のとおりである。

「大量の核兵器が実際に攻撃に使用されれば、爆発による火災と煙により、地球は極度の寒さと暗闇に閉ざされる。現在、存在する二万五千個の核兵器のうち、一〇〇個の核兵器の爆発によってこのような悲劇がもたらされるであろう。核兵器の使用を正当化する理由は全く存在しない。事故、誤算あるいは狂気による悲劇からわれわれを守るためには、核兵器を全廃すべきである」

他の一人の専門家、カナダ人、マイケル・チョスドフスキー（Michael Chossudovsky）の分析も「思索」は次のように要約している。

「現在、警戒すべきは、アメリカ、NATO、イスラエルの軍事同盟であり、その目的は、東地中海から中国に至る地域、カスピ海、サウディ・アラビア南部、中部アジア地域に全世界の六〇％が埋蔵されていると推定される石油、天然ガスの争奪のための軍事作戦である。九・一一事件後、アメリカは予防的戦争、予防的核行使の理論を持ち出し、核の存在しないイランに対する予防的核戦争を正当化しようと試みている。イランに対する核攻撃は、現在、アフガニスタン、イラク、パレスチナに限定されている戦争を、中東、中央アジアに拡大させ、第三次世界大戦となる可能性が高く、人類の将来は危機に直面するであろう。アメリカの軍事支出はハイテク軍需産業と一体となっており、世界経済の軍事費総額の五〇％以上を占めている。冷戦時代の米ソ間には『核の不使用』についての暗黙の合意があったが、ソ連崩壊後、アメリカ軍は核兵器使用について巧妙な宣伝工作を行っている。まず、予防的な核戦争を正当化するため核兵器を通常兵器として再分類した。次に『戦術的核兵器は周辺に居住する一般市民には危害を加えない』と主張し、とくに『ミニ核』と伊予ばれる小型核兵器は、いわば『人道目的の爆弾』であると主張している。『ミニ核』といっても、広島に投下された原爆の三分の一から六倍近くの威力を有する核兵器が、いまや、通常兵器に分類され、その使用命令権は大統領ではなく軍の将軍にゆだねられている」

このような核の危機に関する「思索」のフィデル・カストロのことばは次のように厳粛で苦渋に満ちている。

「現在世界に約二〇〇ヶ国の主権国家が存在するが、国連はいまや愚劣なフィクションにすぎない存在になってしまった。唯一希望の灯となるのは、全世界の人々を、合理的、冷静な方法で導き、この地球の全住民が、深刻な危機に直面していることを認識させることしかない」

5 ✷ 政治危機・文明の危機

◉文明の危機

フィデル・カストロが最近の「思索」で、「食糧危機」「核戦争の危機」と共に警告している「政治危機」は、実は、現代世界の政治、経済の基本構造に係わるいわば「文明の危機」でもある。フィデル・カストロは、広島訪問の直前、二〇〇三年二月、マレーシアで開催された第一三回非同盟諸国首脳会議で、「人類は人類によって破滅させられる危険に直面している。しかし思想の種をまき、世界の意識を高めるため闘い続ける」と語ったが、広島から帰国した直後のキューバ国会での報告演説で次のように「文明の危機」に対する闘いを国民に訴えている。

「文明全体の支柱と価値観が危機にある。主権、独立という思想は事実上、フィクションとなった。人類にとっての最も主要な価値であるべき真実と倫理が果すべき場は益々狭められている。世界の全ての国が、超大国の力に支配され、多くの国の指導者は恐怖と不安のとりことなっている」

「思索」を深めたフィデル・カストロは、その翌年二〇〇四年一月、革命四五周年式典のスピーチでは、次のように語っている。

「これまでの人類の歴史、全ての文明は、帝国、征服のための戦争、奴隷制と封建制、富める支配階級と貧しく搾取された階級との差別が存在する無秩序の人間社会の展開にすぎなかった。過去の人類の歴史に類を見ないような現代の危機において、これまでの無秩序、不公正な社会とは全く異なる真に合理的な世界を創造する闘いを試みることは、人類の存続のために不可欠な目標のために闘うことであり、ユートピアというより、現実主義と呼ぶべきである」


食糧危機を含む経済危機に関するフィデル・カストロの警告は、根本的な社会のあり方に向けられている。二〇〇八年の「金融危機」についても、危機直後の「思索」で次のように記している。

「人間の本能と個人中心主義の欲望が支配する資本主義が、いかなる社会でも再生産されてきたが、今回の金融危機は、第二次大戦後に作られたブレトンウッズ体制の崩壊を意味する人類の歴史上、最大の経済・政治危機であり、世界が別の社会に変革すべきことを示している。人間の良心、反抗心が高まり、多くの革命が発生することが、人類の存続に不可欠である」


福島原発事故後、スイス、ドイツ、イタリアなど脱原発の選択を決定した国々も増加し、自然代替エネルギーの活用など真剣な議論が世界で広まっているが、資本主義とグローバリゼーションによる消費、浪費社会のあり方を根本的に革新する必要を痛感しているリーダーと人々はまだ限られているようで、次のようなカストロのことばは荒野にさけぶ単独の人の声のようにも思われる。

「グローバリゼーションは全ての国を私有財産化しようとしている。巨大な富の力は、人間の魂を除く全ての物というより、圧倒的多数の人間の魂を支配している。グローバリゼーションが世界に押しつけている消費の構造は、世界に狂気、混乱、愚かさをもたらしている。私は世界が僧院になるべきだと主張しているのではない。人類全体にとって維持することが可能で、実現可能の規模の消費水準と消費パターンを想定して、このことを人類に教育する必要がある。ネオ・リベラリズムの思想とグローバリゼーションの不平等の思想は、人類に大きな害を及ぼしており、人類の八〇％は不幸であり、飢え、失業、無知、早死、病気などあらゆる種類の苦難のなかに放置されている。ネオ・リベラリズムの経済学者（ジョージ・ソロス）も『資本主義のグローバルな危機』を著書に記している。人類の将来に残された時間は少ないが、『人類はわれわれの祖国である』というホセ・マルティのことばを心で感じとり、闘い続け、実行することが、われわれに課せられた厳粛な任務ではないだろうか」

●政治危機

このことばはフィデル・カストロが、一九九九年二月、革命四〇周年を迎え、ヴェネズエラ大学での若い学生に対する長時間の「思想の闘い」と題する講演の中で語ったものであるが、この数年間の「思索」においても繰り返し訴えている経済、政治、社会全体の変革（革命）の思想である。その課題は巨大・複雑であり、限られた紙面で要約するのは不可能なので、二〇一一年に入ってアラブ・中東地域で進展している「民主革命」あるいは「政治危機」に限定して、日本、西側世界における見方と大きく異なっているフィデル・カストロの「思索」を紹介したい。

最大の問題は、独立国家の神聖な権利である「主権」が蹂躪されている事実である。フィデル・カストロは前述したオバマのカイロ・スピーチを論評した「思索」（二〇〇九年六月八日）において、次のようにオバマの発言と現実のアメリカの政策の矛盾を厳しく指摘している。

「オバマのカイロ・スピーチは『アメリカは国家の主権と法の支配を尊重する。一国は他国に対し、如何なる政治体制を強制することもできないしすべきでない』と断言すると同時に『民主主義はアメリカだけの思想ではなく、人間の権利であるが故に、全ての国での民主主義を支援する』と述べ、アメリカが民主的価値や人権の最高の権威ある裁判官であるかの如き思想を語っている。主権尊重は、国連憲章と国際法の最も根本的な原則であるが、アメリカの政策は、第二次世界大戦後の七〇年に限定しても、この原則に矛盾する行動に満ちている。オバマ自身『イラクの主権はイラクに属する』と述べつつ、『九・一一後のアメリカの行動はアメリカの伝統、理想に反する行動をとってしまった』と認め、『キューバのグァンタナモ基地の牢獄の閉鎖を決定した』と述べたが実行されていない。『アメリカとイスラエルの関係は強く、破れることはない』と断言し、パレスチナ人の尊厳と独立国家への熱望に応える政策はとられていない」

フィデル・カストロのアメリカによる数限りない主権侵害に対する怒りには十分の歴史的根拠がある。後述するヒロン湾侵攻（一九六二年）がその代表であるが、リビヤ情勢に関する「思索」は、日本、西側などの分析と全く異なるアメリカ、NATO批判を展開している。二〇一一年三月一一日、東日本大震災と併せて「二つの大地震」と題してリビヤの「政治的地震」を論じたほか、二月二一日「NATOの戦略はリビヤ占領」、三月三日「NATOによる不可避の戦争」、三月九日「NATO、戦争、偽善、商売」、三月二八日「NATOのファシスト戦争」などの「思索」で、リビヤという独立国家の主権侵害に深刻な懸念を表明している。これらの「思索」の要点は次のとおり。

「カダフィが一九六九年王制の圧政を打倒する民族主義革命により、農業改革、石油国有化、教育・医療水準の向上を実現しつつある一九七七年に、私（フィデル）は初めてリビヤを訪れたことがあるが、その後、カダフィは共産主義、資本主義の両方にも反対する極端な思想を持つようになり、リビヤの『革命的テロリズム』に報復するとの理由で一九八六年レーガンは、アメリカとリビヤの経済関係を断絶し、四月、トリポリとベンガジの軍事施設を空爆し、カダフィの公邸も襲撃させ、娘が死亡、他の二名の子供も負傷した。最後にカダフィに会った二〇〇一年五月、カダフィは一五年前、『国連憲章と国際法に違反する』とした国連決議により、非難されたレーガンの空爆により『三歳の娘が暗殺された』状況を私に説明した」

「私は、マルクス・レーニン主義者で、ホセ・マルティの思想の信奉者であり、カダフィの政治的、宗教的思想には同調しない。しかし、アメリカとNATOによるリビヤ空爆は独立主権の侵害であり、断じて許容することはできない。一九九九年以降、リビヤとアメリカ、NATO諸国（フランス・イギリスなど）の関係は修復、好転し、二〇〇六年にはアメリカは、リビヤを『テロリスト国家』のリストから削除し、外交関係も再開した。そのような状況の中でのリビヤ国内の反乱とNATOの空爆という事態は極めて異常である。リビヤの反乱は、アメリカの情報機関の工作によるものか、カダフィの失敗によるものか、真相は不明であるが、一方的な情報操作にまどわされてはならない。アメリカとNATOは、エジプト、チュニジアなどでの民主革命が他の中東諸国に波及することを阻止することに最大の関心があり、リビヤの反政府革命勢力を支援する人道的空爆というのは、リビヤを占領し、高品質のリビヤの軽油を確保しようとする目的をおおいかくす口実にすぎない。一九三六年のスペイン内戦でのナチドイツのスペイン爆撃より遥かに野蛮な攻撃がリビヤに加えられていることに人々は気がついていない。人類は、恐るべき虚偽と巨大な無知の泥沼にひきずりこまれてしまっていることに気がつかない程、われわれはナイーヴ（幼稚）になってしまっている。

キューバはリビヤの政治的解決を主張し、外国による軍事介入には徹底的に反対する。カダフィとリビヤの人々は、死に至るまで闘い続けるであろう。五〇年以上前、アメリカにより『ラ・クーブレ』号を爆破され一〇〇人以上のキューバ人がハバナ湾で殺害された時、キューバの人々は『祖国か死か』と決意し、現在に至るまでその決意に忠実である。人間は、自らの義務を果す人々を尊敬し、信じるものである」

「ラ・クーブレ」号爆破事件（一九六〇年四月）から一年後、一九六一年四月一七日、アメリカ軍艦に護衛された三隻の艦船に分乗した中南米諸国の傭兵約一五〇〇名のキューバ侵攻軍が、ヒロン湾に上陸し、キューバ革命の崩壊を試みた。フィデル・カストロの不眠不休の陣頭指揮の下、キューバ人の不屈の精神と勇敢さにより、三日間の激戦の結果、侵略は決定的に敗北した。五〇周年にあたる二〇一一年四月一四日「思索」で「ヒロン湾の戦闘」と題する長文の「思索」を執筆したフィデル・カストロは、五月二五日「思索」で長文の第二部を記し、今も継続中である。キューバという誇り高き主権国家に対するアメリカの軍事侵略に対する激しい憤りの想いと軍事大国を敗北させ、その後半世紀以上キューバ革命を進展させた自らとキューバ人民に対する誇り、感謝の想いにあふれたこの「思索」を紹介することは紙面の制約上、不可能である。フィデル・カストロは奇跡的でアン・リアルとでもいうべき革命キューバの精神を「文明の危機」に輝く燈火のような想いで、この長文の「思索」を執筆したのであろう。

第2章

私が体験したフィデル・カストロとキューバ

フィデル・カストロとチェ・ゲバラ

【『国際労働運動』（二〇〇一年一月号）】

＊本章は、二〇〇〇年七月一五日、首都圏コープ事業連合主催の「第三次キューバ訪問団報告会」（日本教育会館）で行われた記念講演をまとめたものである。

1 ＊ キューバへの想い

「想い」という題は、気恥ずかしい気がしますが。私の三年三ヶ月のキューバ滞在の率直な想いをお話しいたします。

私がキューバを去る直前のこと、ハバナに住んでキューバ人の男性と結婚しているある年輩の日本人女性と話をした時に、その女性が「私はキューバが好きだ、何が一番好きかと言うと、カストロさんと同じ空気を吸っていることが素晴らしいんだ」と。こういう日本人女性の熱い想いを聞いて、私は本当に「素晴らしい」と感動しました。

私はそれほどの想いはないと思いますが、しかしこの三年三ヶ月の間、私のキューバびいき、あるいはカストロ議長びいきは、次第に日本政府に評判が悪くなりました。評判が悪いのは日本政府だけではなくて、実は最初の間は我が家族、妻と一人の娘が一緒に行ったんですが、家族の間でも大変評判が悪く、カストロ議長にはパーティーなどで数十回お会いする機会があったんですが、何かと言うと「カストロさん、カストロさん」と言って公邸で私が騒いでいるものですから、家族から、「一体、家族とカストロさんと、どっちが大切なんですか！」と、叱られました。

しかし日本政府と違って家族の方は、時と共に私の考えを全面的に理解してくれるようになりました。

キューバびいきと言いますが、一言で言えば私は日本の大使です。私が日本政府に伝えたいと思ったのは、キューバの人々、カストロ議長もそうですが、この人達が持っている、本当に強い愛国心と、モラルの高さ。それを日本の人々に伝えて、解って欲しいという想いだったわけです。

2 ＊シンボルの椰子の木

公邸の正面左手に高さ五〜六〇メートルぐらい、樹齢一〇〇年を超える非常に美しい、大きな椰子の木がありますが、この椰子の木が、私の三年三ヶ月のシンボルでした。

私がいつも感嘆するのは、椰子の木は、台風がハバナ湾から来ますと非常に揺れるわけです。同時に、澄んだ雲が、様々な形をしながら椰子の木の前後を動くわけです。それが合わさって何とも言えない躍動感というか「憧れ」や希望を与えてくれるわけです。夜になると、数十分続く非常に美しい夕焼けの中で、この椰子の木が黒々と立っている姿。これを見ますと私は、「椰子より高く正義を掲げよ」という有名なホセ・マルティの言葉を想い、朝夕眺めながら過ごしているうちに、三年三ヶ月が経ったわけです。

この椰子のイメージについて、私はキューバにいた時はそれほど深く考えなかったんですが、日本に帰って来てからちょうど今日で四ヶ月ですが、色々考えてみるのです。例えばゴッホの、あるいは宮沢賢治の童話に出てくる、糸杉という植物。これはどう見ても非常に黒々としていて、暗くて、言ってみれば人間の虚無、あるいは人間を取り巻く暗い世界を象徴するとしか見えない。ところが私が三年三ヶ月見てきたこのハバナの椰子の木は、それとは対照的な、非常に明るい世界だと思います。

さらによく考えてみると、ちょっと極端な言い方ですが、キューバの人々が、この四〇年の革命、あるいは一〇〇年のアメリカに対する抵抗の歴史、その前の二〜三〇〇年のスペインに対する抵抗の歴史の過程を通じて、キューバの椰子の木のイメージを変えてしまったのではないか。もっと具体的に言うと、さっき言った暗いイメージと違って、キューバの人々が、自分の自我というものを乗り越えてしまった明るさ、そういうものを持っている。それが、私が毎日見ていた椰子の木に投影され、椰子の姿を変えてしまったのではないかというのが、この間の感想の一つです。

3＊清貧の思想、特に感じたこと

第一は何と言ってもキューバ人の姿です。様々な事件、あるいは日常生活において、このキューバの人達は正義（フステシア）、それから人間の尊厳（ディグニダ）という事を本当に愚直に、真面目に信じて、追求し、そしてそれを叫んでいるわけです。これは最近のエリアン事件の時でもそうでした。一九九八年にローマ法王が来た時もそうでした。そういうキューバ人の姿というのは、非常に稀有な存在ではないか。こういう誇り高きキューバ人の対応は、相当、勇気を必要とすることではないか。「一体どうしてそういうことが可能なんだろうか」と、今も考えているのです。言うまでもないことですが、非常に貧しい。貧しい中で、と言うより、貧しいが故に、人間の尊厳とか正義というものを、いわば唯一つの生きる拠り所として、生きている。日本では「清貧」という言葉がありますが、私が感じたのは、キューバの人々にとってはこの「清貧の思想」は、とにかく食べ物のように不可欠の存在です。これに依って生きていることを、私は改めて感じたわけです。

この清貧という思想は、日本で考えてみると非常に弱々しいんですが、例えばマザー・テレサという亡くなった有名な聖女が「清貧は貧しいことでもない、物を捨てることでもない。むしろ、あらゆる物、あらゆる人から自由になることによって、本当の喜び、幸せを感じるんだ」と言っていますが、私は、この言葉をキューバの多くの人々に差し上げたいと思っています。

4 ✷ 類い稀なリーダーシップ

カストロ議長は、ご存じのように、一九五三年に武力闘争を始め、メキシコに亡命し、グランマ号でキューバに入って来て、シエラ・マエストラで革命をし、ミサイル危機、さらにソ連・東欧解体ということに直面された指導者です。本当に酷な。私から見ても、日本の指導者から見ても、想像を絶する国難を克服しました。しかも、これが非常に重要なんですが、国民を毎日、勇気づける、鼓舞し続けている、カストロ議長のリーダーシップ。これは本当に類い稀なるものではないかと思います。

私は日本へ帰ってから、四月でしたか、天皇皇后両陛下に報告に行く機会があったのです。私は、借越ながら天皇陛下と皇后陛下に、「元首としてのカストロ議長の立派さ」ということをお話したんです。両陛下ともキューバ革命のこともキューバのことも、非常に勉強しておられて、かなり鋭い質問をされました。そしてカストロ議長の、困難を乗り切る、元首としてのリーダーシップの素晴らしさというものに、強い感銘を受けておられました。

リーダーシップという点で、私が一番感心したのは「忍耐」。（日本語訳では「従順」ですが）。これがやっぱりカストロ議長の、他の国の指導者には無い素晴らしい所だと思います。確か昨年のイベロ・アメリカ・サミットでのカストロ議長の言葉だったと思いますが、「自分、あるいはキューバ人は、ヨブの忍耐を持ち続けて頑張って来ている」と。ヨブとは勿論、旧約聖書のヨブです。パシエンシア・デ・ホブ。公式のスピーチでこれだけハッキリと言われるわけですが、カストロ議長は自ら、元首としてリーダーとして、一番大切なことは、この「忍耐」だと、十分考えて対処されてるのではないかと思います。

それに加えて革命家としての信念の素晴らしさ。それから長年の経験で鍛えぬいた、鋼鉄のごとき意志。こういうものを総合して、二十世紀の偉人というより、人類の歴史においても非常に稀有な存在ではないかというのが、私の率直な意見であります。

5 ✷ 指導者・文化人のモラルの高さ

次に、このカストロ議長と志を同じくする、優れたキューバの指導者。また、残念ながら今日はあまりお話する時間はありませんが、文化あるいは芸術面で非常に鋭い感受性を発揮する人々が各分野で沢山います。文化人、あるいは言ってみればエリートの方々の、モラルとレベルの高さに、私は、併せて深い感動を受けました。

一言で言いますと、キューバのこの百年ちょっとの歴史を見ますと、ホセ・マルティという偉大な人間がいた。ホセ・マルティがいたからこそ、フィデル・カストロという人間が育った。フィデル・カストロという人間がいたからこそ、カルロス・ラへとかアルメーダとか、その他、志を同じくする、次の世代の優れたリーダー、あるいは文学者や芸術家達が育ったのではないかと思います。単なる歴史とか革命とかではなく、一人の偉大な人の、思想、精神の流れが脈々として続いている。カストロ議長は、「一粒の種がまかれて、大きな樹に育って、日々に成長している」という言葉で、ホセ・マルティについて語っていますが、私は、カストロ議長がまいた種も、同じように育っていると思います。

繰り返しますが、社会主義国家としてのキューバとか、キューバ革命とか、そういう事ではなくて、キューバの国、あるいはキューバを支える人々の、そういう大きな精神の毅さの流れというものが脈々と続いていて、これは今後とも続くであろうことを、私は確信しています。

6 ✷ カルロス・ラへ

今申し上げた、カルロス・ラへとファン・アルメーダという、いずれもキューバでは有名な政治家、立派な人間について、私は縁あってかなり親しくしていましたので、お話をしたいと思います。

カルロス・ラへという人は、簡単に言いますと、一九五一年一〇月一五日生まれで四八歳です。元々は医者ですが、チェ・ゲバラと同じように医者は三年しかやっていない。革命後のエティオピアに自ら志願して、エティオピアで医者として活動して、そこで革命思想というか政治に目覚めたということを私に詳しく話してくれました。

私は、エティオピアのハイレ・セラシエ皇帝が一九七〇年に来日した時お供をしましたが、そういうハイレ・セラシエの封建的な時代と全く違う新しいエティオピアで、若い医者としての献身的な仕事をしたカルロス・ラへが政治に目覚めた、そしてその後、共産党に入って、青年共産同盟の委員長になり、現在は政治局のメンバー、国家評議会の副議長という要職を占めております。形としては国家評議会の書記と言いますか、日本で言えば官房長官でしょうけど、実際は首相、総理大臣の仕事をしている。志はカストロ議長とまったく同じで、カストロ議長の右腕として、「私が最も信頼する人物」「後継者の一人」と。ナンバーワンとは言っていませんが、後継者であると思います。

カストロ議長とラへが如何に近いかを私の経験で一つ二つ申し上げますと、一九九七年三月三日、ちょうどペルー大使公邸人質事件がありまして、私もキューバも巻き込まれたのですが、九七年三月三日にフジモリ大統領が急遽ハバナにやって来てカストロ議長と電撃的な会談をやったのです。日本人の人質がいたわけですから、私は必死になって情報収集のためカルロス・ラへに会談を申し込んだら、彼はフジモリ大統領を空港に送った車の中で私の申し出を聞いて、「じゃあ夜九時に会いましょう」と国家評議会で会ってくれました。が、驚いたのは、カルロス・ラへと会談して十分ぐらいしたら、フィデル・カストロがボディーガードを一人連れて、カルロス・ラへの部屋に入って来たのです。日本ではそういうことはちょっと考えられないと思います。総理の部屋に天皇陛下が入って来る。あるいは官房長官の部屋に総理がノコノコ入って来るという感じ。いずれにしても結果的には、非常に重要な局面で、私は初めてカストロ議長とペルー大使公邸人質事件について会談する機会を得たわけですが、いかにカストロ議長がカルロス・ラへを信頼しているか、近いか、ということだと思います。

もう一つは昨年の四月、招かれて、カストロ議長のところへ行ったら、ただ一人側にいたのがラへ副議長です。このラへ副議長は国際的にも最近知られている方ですが、非常に優秀で、寡黙な人です。カストロ議長に信任されているにもかかわらず、私が呼ばれたランチの席でも、謙虚で控えめな態度を取っている。そういう姿はもう本当に偉いというか、素晴らしいなあと感じました。

昔の日本のようにキューバ人は土曜日も働いているんです。日曜日だけが休みで、月曜から土曜日までの深夜、殆ど毎晩、カルロス・ラへさんと少人数の首脳陣は、カストロ議長の執務室のある革命宮殿で打ち合わせをしていると、そのカルロス・ラへさんが言っておりました。

私が申し上げたいのは、そういう政治的なカルロス・ラへの存在というより、ホセ・マルティを信じるモラリストとしての素晴らしさです。カルロス・ラへが拠り所としているのは、ホセ・マルティの思想、つまり「モラル」。私の知っている限り、このホセ・マルティのモラルを信じる堅さは本当に類い稀なるものです。

私自身の経験では、キューバに行った二年目と三年目に、カルロス・ラヘさんからクリスマス・カードを頂いたんですが、非常に簡潔な文章が書いてあるんです。いずれもホセ・マルティの言葉です。最初のクリスマス・カードに書いてあった言葉は、「祖国のために自己を犠牲にすることほど、幸せなことはない」。カルロス・ラヘさんの毎日の生様というのはその通りです。翌年のクリスマス・カードには、「道徳的であることほど自由であることはない」。これは日本の風潮とは違う逆説的な思想。これもカルロス・ラヘさんが信じている、ホセ・マルティの信条、モラルです。

7＊指導者に共通の清貧の思想

もう一つ、カルロス・ラヘさんに象徴されるキューバの指導者に共通することとして、清貧です。

私は、かっての東ヨーロッパに二回勤務したことがあります。一九八九年一二月二五日のクリスマスに処刑されたルーマニアのチャウシェスク大統領夫妻にも何回も会いました。こういう旧東欧の社会主義のリーダーと比べ、キューバのリーダーには特権意識があるとか特権階級として存在することは全くありません。社会主義体制という点で見れば、キューバの体制は特殊なのかも知れませんが、カルロス・ラヘとかフィデル・カストロとか、キューバの指導者が拠り所としているモラルを考えれば、それは当然の帰結なんですね。

カルロス．ラヘも特権的な生活とは全く無関係です。マイアミにいる、非常にキューバに批判的なアメリカのジャーナリストが書いた本を読んでも、カルロス・ラヘのことはわざわざ、「普通の庶民と同じように生活してる」と書いています。

私は彼を、家族と一緒に公邸に、ディナーにお招きしたことがありますが、奥様は科学者で、毎日自分の家から自分の足で、研究所に通っています。息子さんと、小さなお嬢さんがどういう風に遊んでいるかと聞いたら、休みにはカルロス・ラヘが、自転車で、息子を海に連れて行く。これは、他の社会主義の国では考えられないことです。実は私も日本へ帰ってから、公邸の日系の女性から送別のおみやげに頂いたホセ・マルティのTシャツを着て、自転車に乗って、田舎の町でショッピングをしたりしてます。市役所に行ったりすると、市役所の役人にいじめられたりしますが……。

ラヘさん自身はもちろん、自分のお母さんも、妻も、子どもも、本当に普通のキューバ人と同じ生活をしている。寡黙な方ですから言いませんけれど、むしろ意識的にキューバの人と同じ、貧しい、厳しい、生活をする必要があると。国民と共に生活している、英語で言えば「with」。カストロ議長と国民も絶対に遊離してませんね。国民はカストロ議長と一緒です。「with」です。同じ人間の社会ですから。ですからカルロス・ラヘさんも国民と一体となるためにそういう生活のパターンを採っている。カルロス・ラヘを始め、多くの指導者は、こういう清貧思想に己を捧げて生きてるということだけは申し上げたいと思います。

8＊ファン・アルメーダという指導者

もう一人、ファン・アルメーダのお話を簡単にします。この人は日本では全く知られていませんし、国際的にも、例えばラウル・カストロやチェ・ゲバラのようには知られておりませんが、実はカストロ議長と四〇年～五〇年近くにわたって、現在まで、革命運動を共にしたのは、フィデル・カストロ以外に二人しかいない。それが、弟のラウル・カストロと、このファン・アルメーダという黒人の指導者です。

ファン・アルメーダは一九二七年二月十七日の生まれで、カストロ議長より一年下、現在七三歳です。ハバナ大学の時から五〇年間、カストロ議長とずっと行動を共にしている。ですから、モンカダを攻撃した時も、メキシコに亡命し、グランマ号で乗り込んで来た時も、シエラ・マエストラ上陸の時も、いつもカストロ議長の右腕として行動しました。黒人ですから特殊な立場ですが、重要な役割を果たして来たわけです。ラウル・カストロと共に、キューバの「英雄」という称号を貰っている、いわば序列ではナンバー3の政治的な立場の方です。

――実は、チェ・ゲバラは、年もこのファン・アルメーダよりも一歳下です。チェ・ゲバラはアルゼンチン出身ですから、最初から完全にキューバ人と同じ立場になるのは難しかったので、このアルメーダさんの下にいたそうです。ですから、アルメーダさんは、「チェは自分の下にいた」と言っていました。チェ・ゲバラの『キューバ革命のエピソード』という本に出て来ますが、グランマという船に八一名が乗り込んで、さんざんな失敗をした時に、このアルメーダさんは早速怪我をして、チェは元々が医者ですから、山の中でチェ・ゲバラに治療をして貰ったと……。古い話ですが――。

しかし私が申し上げたいのはそういうことではなくて、アルメーダさんが芸術家として素晴らしいということです。私が三年間おつきあいしたのも、実は政治家としてのアルメーダさんではなくて、芸術家としてのアルメーダさんです。アルメーダさんは沢山のキューバ革命やキューバ戦記に関する著作を残していますが、キューバ国民の間では、むしろ作曲家として知られてるんですね。それもサルサとか伝統的なキューバ音楽ではなくて、クラシック。私は非常に美しい素晴らしい曲だと思っております。

――私が帰国前に彼とお会いした時、「現在『ヒロシマ・ナガサキ』という題の作曲をしている」と言っていました。それが出来たら「日本に是非行きたい」と言っていましたが、アルメーダさんが日本に来るという情報は、まだございません。多分『ヒロシマ・ナガサキ』という作品は難しいので、時間が掛かっているんじゃないかと思いますが――。

もう一つ、アルメーダさんについては、革命家として芸術家として優れているだけでなく、先ほどのラヘさんと同じく、モラリストとしても非常に優しい心を持っているし、非常に謙虚な方です。私の印象に残っているのは、彼はフィデル・カストロと一緒に一九五三年のモンカダの攻撃に失敗して一年半、牢獄に入れられたのですが、彼は「正しい人間が牢獄に入るより、悪い人間が牢獄に入れられる方が可哀相だ」と言いました。そういう心を持っています。

彼はフィデル・カストロとは五十年来の付き合いなので色々なことを知っているわけですが、彼が私に「自分は長い間フィデル・カストロを知っている。一緒に闘って来た。しかし、ある日突然気が付いてみたら、自分の手の届かない大変な人間になっていた」と、言った時に、私は非常に大きな感動を覚えたんです。アルメーダさんは、「十九世紀の世界の偉人とは、自分にとってはホセ・マルティだ。二十世紀の最大の偉人は、フィデル・カストロだ。自分はフィデル・カストロと今も毎日接しているが、日々に成長している」と言うんですね。

これはアルメーダさんのように毎日接している人にはきっと感じられるし、私自身も、フィデル・カストロの思想と信仰とモラルの堅さというものを考えると、「きっとそうだろう」と思うんですね。日々に成長し、日々に強くなっていると、アルメーダさんは言っておりました。

芸術については省略しますが、私が三年いる間にキューバの様々な分野の芸術家・文人とも縁があって接触することが出来ました。ただ一言申し上げたいのは、皆さんご承知のサルサというキューバ独特の音楽も素晴しいのですが、クラシックの音楽の高さでも非常に感銘を受けました。

9 ＊ ローマ法王のミサでのコーラス

一九九八年一月に歴史的なローマ法王のキューバ訪問があった時に、各地でミサがあり、ハバナでのミサには朝七時半ぐらいから一二時ぐらいまで四～五時間かけて私は出席しましたが、一番感動的だったのはいわゆるミサ曲の演奏とコーラス。ミサ曲と言うと普通、非常に暗い、重々しい音楽なんですが、この時演奏したキューバのミサの明るさ、美しさは、本当に素晴らしかった。オーケストラは国立オーケストラですが、合唱隊のメンバーを、キューバ全体から集め、ほぼ一年、このために練習したと、音楽協会の会長の方が私に話してくれました。ローマ法王は様々な関心がある人で、実は音楽にも関心があって、長いミサが終わった後、普通、そのまま退場するんですが、思いついたように右側の合唱隊の方に向かって、拍手をしてました。コーラスを歌った人の中には涙を流す人もいました。

その大合唱隊の中心になったのはアリーナーという若いキューバ人の女性指揮者が指揮する「カントルム・コラリーナー」というコーラス・グループです。この二月一八日にアルメーダさんの七三歳の誕生日パーティーを私の公邸でやった時に、私がお願いして演奏して貰ったんです。彼が作曲した『ラ・ルーペ』、キューバで非常によく知られている、ある意味でポピュラーな作品を、通常は楽器で流すんですけど、合唱団に歌ってもらいました。

アルメーダさんは革命戦争の間、鉄砲と楽譜を持って、山野を転戦したそうなんですが、この『ラ・ルーペ』は、亡命生活を送っていたメキシコに対する追憶と、これから乗り込んでいく、厳しい時代が待っているキューバに対する憧れ、これを歌った作品です。グランマ号で何年ぶりかでキューバに上陸する時に靴の中に楽譜を入れて上陸したそうです。

10 ✷ エリアン事件とカストロ議長

私がキューバを去る前、最後にカストロ議長の姿にお目にかかったのは昨年（一九九九年）一二月二〇日。エリアン君のお父さんも来て国会でエリアン問題を審議しました。その時に私が見たカストロ議長は、エリアンという一人の少年だけでなく、これに想いを寄せるキューバ人一千万人の国民の重荷を背負った、悲壮な顔と重みで演壇に座っていました。彼だけは悄然として、椅子が沈むぐらいの感じがしました。まったく見通しのない時期だったんです。その頃の厳しい情勢の中で、カストロ議長は、「天と地を動かしても、必ずエリアン少年の帰国を実現する」と言いました。

そして六月末、七ヶ月ぶりにエリアン君が帰国しました。

たまたま、キューバ大使館から、エリアン少年が還った時のカストロ議長のコメントを頂いたので、日本の新聞には全然報道されないカストロ議長のスピーチを一言申し上げますと、「エリアン少年が帰国することによって、正義と高貴な目的を追求するキューバ革命というものが、国民の間に団結と英雄精神の確固たる基礎を築いたということを示した。我々は、この理念、思想の闘いを、今後とも続ける。エリアン少年の問題は、正義が決して破れないことを示した。また、偉大な理想のための闘いが、いかに美しいかを示した」と、言っております。

カストロ議長が、エリアン問題で示したことを、私の言葉で言えば、キューバという弱者が、非常に強いアメリカ、あるいは文明社会、あるいは法制度、そういうものに対して、いかに強いか。弱いものの強さというものを、忍耐を通して示した。国民もそれを共にした、と。私は、これがエリアン事件の本当の意味ではないかと思います。

11 ＊人権を守るために機敏な行動

少し時は古くなりますが、私がカストロ議長と一番多く接触したのは、ペルー大使公邸人質事件の時。ラへ副議長との会談にカストロ議長が飛び入り参加されたと先述しましたが、彼には、アメリカや日本、あるいは普通の国が考える政治的な打算というものは一切無い。日本人を含む人質の安全。さらにMRTA（トゥパク・アマル革命運動）という革命精神に共感を持つゲリラ・グループの命も救ってやりたいという、そういう人命尊重のための、深い人道的な配慮。それで、キューバは本来、消極的だが、日本のためにゲリラを受け入れようという態度を示した。日本に対して大変な恩義を与えるわけですから、何らかの代償を求めるのが、例えば北朝鮮とかの国なら有るんですけど、そういう事は一切ありません。カストロ議長との会談で私はその点を非常に強く感じました。

もう一つ、これは危機管理というか、非常に重要な時にカストロ議長は機敏な対応を示す例として、フジモリ大統領が自らNHKのテレビで発表してるので、私も申し上げます。問題解決のために、九七年三月二九日、橋本総理（当時）の親書を持って高村正彦政務次官（当時）がやって来ました。革命宮殿で会談をした後、大使公邸に来て懇談をしました。その後、深夜一一時半から十二時近くに、「ちょっと仕事がある」とカルロス・ラへさんとカストロ議長が出て行かれたんです。後で知ったのですが、それは、ペルーで閉じこもっていたMRTAのリーダーのセルパに、カストロ議長が手紙を書くためだったんです。手紙の内容は、「悲劇的な結末を招かないよう、慎重に対応するように」と、そういう切々たる手紙を書いています。本当に重要な場合には機敏な対応をするという一つの例だと思います。

ローマ法王の訪問の時、ハバナのミサに参加し、一般庶民とまったく同じ固い椅子に、朝早くから数時間、座って参加していた姿も印象的でした。

12 ＊ハリケーン援助を要請のとき

もう一つ印象に残っているのは一九九八年九月。キューバは毎年ハリケーンが襲って来て災害があるのですが、その時に近隣のドミニカやホンジュラスなど色々な国では危機対応が非常に遅れて、生ぬるかったがために大変な死傷者を出しました。カストロ議長は長年の経験もあって、実は、しょっちゅう日本で言う気象庁に出掛けて、また、地方に行って直接指示する。人間の動員力も優れていて、何十万をあっという間に避難させる。人間だけでなく家畜類も避難させる。他の国では何百人という死者が出たハリケーンの時も、キューバでは、感電死が、確か一人か二人ぐらいの死者にとどまったのです。

私が申し上げたいのは、その時に、前の年からの旱魃の被害と合わせて日本に多額のハリケーン援助を要請したのですが、要請の仕方がほんとにカストロ議長的でした。ハリケーンがドミニカからキューバの東を通ってハバナを直撃している、その夜の一〇時半ごろに私は外務大臣から呼び出しを喰らって、普通なら十分ぐらいで着く外務省に三〇～四〇分かかって行ったら、外務大臣は居なくて外務大臣臨時代理と、農業大臣、それからカストロ議長の特別な指示でカストロ議長の秘書室長のフェリペ・ペレスという、現在の外務大臣が、「カストロ議長の命令をたった今受けて来た、日本に相当額の援助米の提供を要請したい」と、言って来たのです。まだハリケーンが通っている真っ最中に、日本なら何かやってくれるだろうと、呼び出しをする。

その会談が終わって一二時過ぎに、町は全く車も通ってない中を、私がたった一台の車で公邸に戻る時に、向こうからカストロ議長と警備の車が革命宮殿の方に向かって疾走して来ました。つまりこういうの時のカストロ議長のリーダーとしての活動は、単にリーダーシップを発揮するだけでなく、文字通り、弱い者、被害に遭いそうな者、そういう人に対する百％のトータルな思いやりと気遣いがある。だからこそ常識的なルールを破って日本政府に要請したり、自分も働くという対応をしたわけです。

この援助は日本とキューバの関係では非常に画期的で、実際には金額にして一〇億円。お米の量で、二万五千トン。これがハバナに到着した時に見に行きましたけど、カストロ議長は自ら日本の総理に手紙を書いて、それを私に読んで聞かせました。「このお米はただバッと配るんではなくて、六歳以下の幼児と六十歳以上の老人のために配る。この人達に配ると、約一〇ヶ月もつ。そういうお米だ」と。日本から提供するお米が二万五千トンで、それを計算すると、たった一人当たり五〇〇グラムです。しかし「これは日本政府からの援助だと、ハバナをはじめ各地方の配給所に表示して、国民に配給します」と。そういう、弱い人・ハンディのある人達に対する細かい配慮をした。これがカストロ議長の非常の際の対応で、そういう例は他にも沢山ございます。

12＊ホセ・マルティ主義者として

カストロ議長の生き方の指針の一つとしてホセ・マルティがあるのですが、これについては省略します。ただ、ある会談の時の、一番印象に残っている言葉ですが、「私はこれで四〇年間、闘ってきた。私はホセ・マルティ主義者だ。しかし同時に十字架にかかったキリストの教えと倫理に従って生きるしかない」と、おっしゃいました。

これは深夜の会談、夜中の二時か三時ぐらいだったんですが、疲れていた私も、その言葉を聞いた時に、あ、これがカストロ議長の本当の姿らしい。こういう考えを持っていれば、私はこれからも、あるいはこれまで以上に、カストロ議長の国民に対する強い、精神的な影響も続くと思ったことでした。

第3章

フィデル・カストロが語るキューバ革命の精神

勝利の前

＊本章は、二〇〇五年七月一六日に行われた『フィデル・カストロ――世界の無限の悲惨を背負う人』出版記念会（日本教育会館）で行われた講演をまとめたものである。

エルナンデス大使の挨拶

私はキューバを代表する駐日キューバ大使として、また、田中大使がキューバに勤務されている数年間の間に、真に親密な友人となったキューバ人の全てを代表してここに出席させていただいています。

田中大使は外交官としてキューバで勤務されていた期間、客観的に正直に良心的にキューバの現実を見ていただいき、キューバの社会を正しく理解していただけたと思います。そしてカストロ議長にも直接お会いになる機会もお持ちになり、カストロの人物、理想なり、社会的・政治的な仕事の本当の意味を直接、真に理解してくださったんだと思います。

ご自分の直接の経験があったからこそ、このような立派な貴重な本を書くことが可能になったと思います。この著作によってキューバの、日本における歪められたビジョン、イメージを正してくれるのではないかと思います。

田中さんの書かれたこの本は、必ずや日本の多くの方に、キューバの正しい現実を知っていただくために大いに役立つと思っています。この本は、日本の人たちにキューバの現実に近づいていただく一つの血になるのではないかと思います。日本の人たちにキューバ革命、そしてその指導者、フィデル・カストロ同志の人間像をよりよく知っていただく一つの大きな手段になると確信しています。


フィデル・カストロのことばというのは、我々のことばと違って、ともかく非常に偉大な心と精神、そこから自然に流れ出ることばです。従って自然そのもののような美しさというか、詩のような美しさを感じます。ですから今日、私はできるだけ私のことばを少なくして、写真とカストロのことばそのものをできるだけ紹介して、そして、私は単なる器ですから、私のことばはあまり聞かずに、そのカストロのことばを聞いて、皆さんの想像力でカストロと対話をしていただきたいというのが私の心からのお願いであります。

私が紹介したいと思いますのは、このカストロの思想と、モラルと信仰、これを垂直的に、紹介したいという気持ちでおります。

簡単に話の筋を申し上げておきますと、カストロの思想の根幹として、正義と尊厳とそれから連帯精神、この三つについて話をし、その後、私の見たカストロの人柄、素顔の真実のカストロについての話、それからキューバの革命家を何人か紹介します。具体的に、できるだけカストロのことばを使って話をしたいと思います。

1 ✷ 正義についてのカストロのことば

この写真の題は、「デモ・エリアン事件」です。二〇〇〇年初めの写真です。母親は途中で死んでしまったのですが、一人だけ生き残ってアメリカへ移されたエリアン・ゴンザレス君という当時六歳の少年をマイアミの亡命キューバ人等のグループが、キューバには帰さないという事態になりました。カストロ他キューバ国民は数ヶ月かかって必死になって、エリアン君のキューバ帰国を実現しようしたわけです。

連日いろいろなデモがありましたけれども、その一つのデモの様子です。これを撮った写真家に聞

デモ・エリアン事件

きますと、夕闇迫る、マレコン通りで、キューバ国旗がはためき、その白さが素晴らしかったという、コメントをしておりました。私はこういうデモに、キューバを去る前に何回も出会ったものですから、余計感じるんですけれども、もちろん、美しい写真だと感じるんですが、このキューバ国旗を振るキューバ国民の激しい情熱的な姿は「デモ・エリアン事件」という殺風景な題じゃなくて、私としては「正義を激流の如く奔流せしめよ」と、そういう題としたいと思います。正義ということについて、私は詳しく最初に申し上げるつもりはないんですけれども、一言で言えばやはり、正義というのは弱き人、抑圧されている人、差別されている人に対する社会正義ということが言えると思います。

紀元前八世紀に旧約聖書の預言者にアモスという人がいますが、そのアモスが「正義を激流の如く奔流せしめよ」ということばを言っております。私はたまたまキューバで正義ということを考えて、そのことばに出くわしました。ハバナのバティカン大使が私にくれたスペイン語の聖書によりますと、それは「コーラ・フスティチア・コーモ・インペチオソ・アローヨ」ということです。このインペチオソというのは英語でもインペチユオスですけれども、ただ、日本語の「激しい」というだけではなくて、パッショネトというか情熱的、あるいは、スポンテニユアス、自然発生的というような意味があります。この写真はもちろんその国民のそういう姿を写していると思いますけれども、私はカストロが正義について語るとき、まさに、スポンテニュアス、情熱的で、自然発生的で、流れるようなそういう心の動き、魂の叫びというものを感じました。そのことを、いくつか具体的なカストロのことばで紹介したいと思っています。

この写真のテーマのエリアン事件は先ほど申し上げた通りですけれども、一番印象深かったのは、カストロのまさに激流の如き対応ぶりです。事件が起きると、まず、母親は死んでしまいましたが、父親がピィナール・デル・リオというところに生きておりまして、ピィーナール・デル・リオに飛んでいって、父親の意向を自ら確かめると、一九九九年一二月二〇日に国会を開いたときには、その父親を国会に呼んで、そこでエリアン問題を国会で国民とともに真剣に議論しました。私も招待され傍聴に行きました。そのときはまだ見通しが全くなく、私がカストロを見た最後の姿であるだけに、よけい印象に残っています。カストロが演壇で坐っている椅子、カストロは悄然とした顔で、もうその椅子が地球の中心まで、のめり込んでいくんじゃないかと、そのくらいの印象でした。しかし、カストロはそのとき、「天と地を動かしても、必ずエリアンの帰国を実現する」と、そういう固い決意を述べ、そして、連日のようにこういうデモを計画しました。背景にあるのは、ホテル・ナショナルです。この近くにデモの標的となったアメリカの利益代表部があります。

結局はアメリカ国民の良識ある反応もあって、二〇〇〇年の五月だったですか、帰国が実現したわけです。そのときにカストロは尊厳ということについてこういう表現をしています。

「エリアンが帰国したということは、偉大な理念のために闘っているということがいかに美しいかということを示した。正義と高貴な目的を追求するキューバ革命が国民の間に団結と英雄精神の確乎たる基礎を築いたことを示した。また、正義が決して敗れないことを示した」

これは一つの例です。

次に、カストロは九・一一の直後、二〇〇一年の九月二二日にこういうことばを言っております。

「テロは不正義であるけれども、無制限の正義という名目で無制限の戦争を開始することは決して許されない」

このテロ事件の後、アメリカはかなり不合理な形でキューバ非難を始めております。たとえば、キューバは生物化学兵器を開発しているというとんでもないデマを流したり、あるいは新たにテロ支援国家に加えたりしていました。カストロは二〇〇二年の六月、オルギンというところで次のように言っています。

「キューバはアメリカの言うような専制国家ではない。正義と平等と文化がある。アメリカ国家は不正義と不平等がまかり通っている。そういう社会を民主主義の模範と語るブッシュ氏は恥ずべきである。我々はずっと以前から残る人生の刻一刻を大義、つまり正義のために捧げている」

また、二〇〇三年のキューバの国会で「巨大な超大国の支配により、真実と倫理が果たすべき場が狭まれ、文明全体の支柱と価値観が危機にある」と言っています。ここでカストロが言われる真実というのはまさに正義のことです。

そして同じ国会での報告で、「キューバはこの地球上における最も人間的で公正な社会の一つである。そして我々の、終わりなき闘いを支えているのは偉大な夢と限りなき熱意と大義への愛である」とこういうふうに言っています。

二〇〇四年のメーデーの頃の集会では、カストロはこういうことを言っています。「真に人間的な正義、真に人間的な正義の思想は力よりも強く光に満ちた道を開く」と。美しいことばだと思います。

それから同年の一〇月、国連総会に若いペレス外務大臣が出席しましたが、彼はそこで一九七九年の国連におけるカストロのスピーチを紹介しています。

「爆弾は人々を殺すことはできるが、飢え、病気、無知、諸国民の正義の反乱、諸国民の正義の反乱を殺すことはできない」

それから、ポサダというテロリストを、アメリカに亡命させようとして策略をしている人がいて、ポサダはヴェネズエラに引き渡しすべきだと、そういう要求をカストロ以下キューバ国民はしていますが、二〇〇五年のメーデースピーチでカストロは「この問題はポサダという個人の問題ではなくて、アメリカの偽善という姿勢」……アメリカの偽善、まあダブル・スタンダードですね……「アメリカの偽善という姿勢を裁判にかける必要があるんだ。いずれにしても人類は正義を熱望している」こういう言い方をしています。

いずれにしても、私はこういうカストロの正義に関することば、あるいは正義のために文字通り十字架、キリストの十字架に等しいような苦悩を背負って闘い続けている、こういうカストロの高貴な魂と行動力というのは、パレスチナ、日本でもそうでしょう、世界各国で正義を追求している多くの人々にとって、これまでもこれからも希望の源泉ではないかと思います。

2 ＊ 尊厳についてのカストロの深い思い

二番目の写真をお願いします。これは、「血で書かれたフィデル」という題です。キューバの代表的な写真家、ラウル・コラーレスの写真です。一九六二年四月、実はＣＩＡが工作したんですけれども、兵隊は全部中南米の傭兵からなる軍隊がキューバを侵攻、侵略しました。そのときにキューバの兵隊一五六名が死にました。その一人が戦いながら、死にゆく直前、自分の血で戦っていた場の壁に、

血で画かれたフィデル

フィデルと書いたわけです。

シュバイツァーが言っていることばで「生命への畏敬」あるいは「生きる意志」ということ、これが一番基本にあると思いますが、カストロの尊厳という場合には、モラルな生き方、モラルな生き方を自由意志で選ぶ、そういう人間が持っているもの、さらに言えば、この写真に示されているように、自分の命を犠牲にすることができるという、そういう自由意志を持った人間、それがその尊厳の存在であると、そういうものがカストロの考え方ではないかと私は思います。

キューバの使徒と言われているホセ・マルティはこう言っています。「尊厳を持たない人間もいるけれども、自らの中に多くの人間の尊厳を抱いている人間もいる」と。

カストロはこれを引用しまして、「自らのうちに世界の尊厳を抱く人々、自らの精神が世界の尊厳に支配されている人々がいた」と。実はこれはカストロがチェ・ゲバラについて言っていることです。チェについて言ってはいますけれども、自分の理想、自分のことについてもこういう考え方ではないかと思います。

それで少し具体的に例を挙げてお話したいんですけれども、この一九六一年四月の侵攻事件、キューバではヒロン湾事件と言っていますけれども、このときに、実はカストロはまさにこれは尊厳に関わる問題だということでこういうことを言っています。

「このキューバの侵攻というのは、キューバの尊厳を奪うための侵略であった」と。「そして国民は、国民の崇高な尊厳を守るために自らの生命を犠牲にした」と。こういうことを言っています。同時に「人間の尊厳を大切にするキューバ国民にとっては死のおそれは何の力も及ぼさない。むしろ国民が恐れるのは、国民と人間の尊厳を踏みにじる暴政のくびきに再び繫がれることである」。こういうことを言っています。まさにヒロン湾事件というのは尊厳に関わる最大の問題だったわけです。

次に、ミサイル危機、一九六二年一〇月のミサイル危機ですけれども、二〇〇三年の三月に広島を訪問したときに、カストロは被爆体験との関係でミサイル危機のことを言っております。「そのとき、人間が偉大であることを深く感じた」と。これは言うまでもなく、その生命を犠牲にする覚悟ができているキューバの人々のその尊厳というものを深く感じたということだと思います。

このミサイル危機については、ケネディとフルシチョフの間で解決したというような一方的な見方がほとんど、九九％、百％だと思いますけれども、実は、置いてきぼりにされたカストロの苦悩というのはほとんど知られていません。

実はカストロは危機の最後の頃、一九六三年の一一月二八日に、まさに「尊厳に関する五つの原則」といってミサイルを撤去するためのキューバの死活の条件を言っております。その中に現在問題になっているアメリカが不当に時代錯誤的に占拠しているグアンタナモ基地の返還ということを言っております。グアンタナモ基地の返還を含めて、キューバの自主独立というものを守れということを公にしているわけですが、まさにこれは尊厳、キューバの尊厳、キューバという国の尊厳そのものに関連するものだと思います。

ハリケーンのことです。キューバは最近ではうまく危機管理をやっておりますが、一九六三年、まだ革命直後ですけれども、一二〇〇人という記録的な死者を出したハリケーン、フローラというのがあります。そのときもカストロは陣頭指揮で頑張っていましたが、むしろ国民が一緒になって協力してくれた姿をその国民の尊厳ということで次のように言っています。
「人命救出のための人々の連帯精神というのは本当に素晴らしかった」と。「人々は勇気とストイシズムと自己中心と全く反対の自己犠牲を示した。革命はこのような人々を生みだした。革命の勢力はハリケーン、自然の威力よりも強い」と。

次に一九七三年に軍事クーデターで亡くなったチリのアジェンデ大統領の死亡のことです。アジェンデ大統領はカストロから贈られたK２ライフルで戦いながら殉死したわけですが、このときの模様についてカストロは詳しくスピーチをやっています。こういう表現をしております。

「アジェンデ大統領の側近たちは、死にかかったアジェンデを大統領の椅子に座らせてチリ国旗でくるむという驚くべき尊厳にあふれた行為を示した」と。それから同じスピーチで「このクーデターのとき、たった四〇人ばかりでチリの三軍の兵力に七時間抵抗して死んでいったそのアジェンデ大統領は、本当に信じがたい精神の高みに達した」と。信じがたい精神の高みに達した……まさにこれは人間の尊厳そのものではないかと思います。

それから、ぜひ紹介したいと思いますのは、南アフリカの――私は南アフリカに勤務したことがあります――黒人居住地ソウェトでスピーチをしています。一九九八年九月です。そのときに南アフリカのアパルトヘイト解放のきっかけとなった一九七六年のソウェト暴動について話していますが、カストロはこう言っています。

「一九七六年に立ち上がったソウェトの青少年は全ての人間が持って生まれた人間の尊厳という感情を守るために闘った」と。「したがって、ソウェトは南アフリカ解放の発祥地というより、全アフリカの尊厳と自由の発祥地である」と、こういうスピーチをしております。南アフリカの鉱物資源を求めて訪問する西側諸国の指導者は昔も今もたくさんいますが、ソウェトを訪れ、このような感動的なスピーチをする指導者というのは世界でカストロ一人です。

二〇〇一年九月一一日のテロ事件について、先ほども触れましたけれども、こういう言い方もしております。

「キューバこそ長年にわたるテロの被害者である。しかし、問題解決のためには人命と尊厳を尊重することが不可欠である。武力ではなくて平和解決のための世界世論の一致した支援が必要である」と。こういう言い方をしております。

尊厳について、申し上げたいのは、特に同志、革命の同志、それから同じ人間として弱き人々の尊厳についてのカストロの深い思いです。

革命の発端になった一九五三年のモンカダ事件のあと裁判がありました。そのときカストロは「わが同志たちは現在もいつのときにもまして生きている」と。つまり、亡くなってしまった同志に対する強い思いです。それから一年数ヶ月獄中にいましたが、その中からいろいろな書簡を書いていて、「自分は、同志の血をもって書いている」と、「たとえ百回十字架に掛けられてもへこたれない。自分は一瞬たりとも私の義務を忘れることはしない」と、こういうことを言っております。

それから二〇〇二年の六月、サンディアゴでスピーチをしたときに、これは私が日本へ帰ってから読んだスピーチですが、彼はスピーチの最後にこういう言い方をしております。

「モンカダの山の平原の闘いの忘れ得ぬ同志たち。昨日、今日、明日の同志たちよ。独立と革命のために倒れた人々の名において我々は最後の時まで彼等に忠実でありつづける」と。このことばは、カストロの正真正銘の血と涙のことばではないかというのが私の確信であります。

カストロのこういう同志への思いというのは年月とともに鮮烈になって、そしてカストロの不屈のエネルギーの源泉になっているのではないかと思います。

3＊連帯精神——世界の無限の悲惨を背負う人

三番目の写真があります。これは「最高司令官フィデル・カストロ」という私が最も好きな写真の一つです。私が題を付けるとすれば、むしろ「人類は祖国」としたいと思いますが、この写真でお話したいのは、私のことばでいえば「世界の無限の悲惨を背負う連帯精神」。日本で考えられている連帯精神ということです。

最高司令官・フィデル・カストロ

先ほど尊厳との関係で申しましたけれども、自らの精神が世界の尊厳に支配されている人、そういう人はまさに世界の無限の悲惨を背負う人ではないかと思います。

実は、この「世界の無限の悲惨」というのは私が考えたというか作ったことばですが、それを思いついたのはホセ・マルティのことばです。ホセ・マルティは「素朴な詩」という詩でこういう表現をしております。

「名も無き数多くの悲惨の中で、一つの大きな悲しみを私は知っている。世界の巨大な悲惨。それは人間の奴隷である」

ホセ・マルティは九歳のときに、まだ当時奴隷が存在していたキューバで、鞭打たれている姿を見て、「私は永遠に借りができた。私は黒人たちを守ろうと心に誓った」、という感受性と正義感の強い人です。彼は「素朴な詩」の中で、今言った世界の巨大な悲惨、それは「人間の奴隷」である、と、そういう言い方をしております。

カストロにとって「人間の奴隷」とは、表面的な奴隷の姿、存在だけではなく、ラテンアメリカ、アフリカ、さらには全世界において差別され抑圧されている貧しい人々、そういう人の存在だと、さらに、我々も含めて、多くの人は虚構の中に住んで、偏見にとらわれ、いってみれば洞窟で鎖に繋がれているかのように生きている。そういう精神的な奴隷。そういう人をも含んでいると思います。

実はこの「世界の無限の悲惨を背負う」ということについては私はカストロと二人でランチをした時に、かなり話したことがあります。私はカストロにキューバというのはこういう役割を果たしているのではないかというような話をしたことに対して、カストロは、ずいぶん真剣に聞いておられて、その後、何分もの長い沈黙が続きました。私はその長い沈黙にすごい雄弁というか、すごい深い思いを感じました。そして同じ時ですけれども、精神的な奴隷というほどではないんですけれども、恵まれている人々、恵まれている人たちの自己中心的な感情について話しあいました。そのとき、カストロは、「実は問題は、そういうことにそれらの人が気がついていないことなんだ」と言われました。これはまさにヘレン・ケラーが言う「精神的・社会的盲目」ということではないかと思います。

最近のスピーチでは、二〇〇〇年九月の国連ミレニアム・サミットで次のようなスピーチをしております。

「世界八〇億の八〇％は貧困に生きている。これは過去の征服、植民地支配、奴隷制、搾取の結果であり、富める国が状況改善の道義的責任を有している。真実と正義とヒューマニズムに基づく新しい歴史を切り開くという夢に我々は挑戦する必要があった。それが我々の責任である」

要するに南アフリカのアパルトヘイトというのは無くなりましたけれども、アパルトヘイトというのはある意味では世界中に拡大しているわけです。カストロは世界全体に拡がっている無限の悲惨＝アパルトヘイト、それを解決するために懸命な努力をしていると思います。

具体的に一つ二つこの連帯精神の例を申し上げます。

実は日本に対しても連帯精神の手を差し延べておりまして、一九九五年の神戸大震災、一九九九年一〇月の東海村原子力発電所の放射能洩れ事故。こういう時にも何かできないかということで、私もカストロのその意を受けて、カストロが持っているその連帯精神の素晴らしい行動力と気持ちに感動したことがあります。そのほか、比較的知られていることで、ソ連のチェルノブイリ原発事故の子どもたち、ルーマニアとかアフガニスタン、パキスタン、こういうところから似たような障害にあっている子どもを一万五千三百人ばかりを七年にわたって治療しております。

治療という意味は、国際的な医療協力です。もちろんキューバの国民のための医療水準の向上というのがカストロが一番努力したことで、実は、革命前は千人当たりの幼児死亡率というのが百人だったんですね。千人当たりの幼児死亡率が百人。それを現在では六人という驚異的な数字にまで下げております。こういう国内の医療水準の努力を背景にキューバは世界各国で国際医療協力をやっておりまして、現在でも二万六千人のキューバ医師が三〇ヶ国を超える国で医療活動をやっております。

大切なのはＷＨＯとか先進国の医者と違ってこれらの医者というのは非常に待遇が悪いといいますか、劣悪な条件のところに自らボランティアで行っています。給料も少ない。しかし、連帯精神でその任務を果たしているのです。

また、これは私が具体的にカストロから要請されたことです。キューバの隣にハイティという最貧国があって、その子どもたちの医療改善のために、キューバは医師はたくさんいるが、アメリカの経済政策その他で医薬品が少ない、何とか日本から医薬品をもらえないだろうかと。ハイティにおける日本とキューバの医療協力について要請を受けたことがあります。しかし、この医療協力はカナダとかスペインとか西側諸国にもなされているようですが、日本を含めて未だに応じていないと思います。これは非常に残念です。日本も他の国と第三国協力ということをアフリカでやっています。どうしてキューバとこういう人道的な医療協力ができないのか。私としては非常に残念に思っております。

医療協力とは全く違う連帯精神というのがいわゆる民族解放闘争に対するキューバ、カストロの協力です。代表的なのは一九七五年から五万人ばかりの兵隊を派遣したアンゴラ出兵です。特に一九八七年のクイト・クアナヴァルという天王山の決戦には、カストロは現地には行きませんでしたが、ハバナで陣頭指揮をしております。

私が話したいのは、その戦争を含めて二万人あまりのキューバ人が亡くなってしまったのですが、カストロはそのあと一九八九年に、その人たちのために一年かけて追悼式をやっています。そして、その追悼式で次のように言っておられます。

「人類のために生命を捧げたキューバの人々によって、人類の最も神聖な価値である愛国心と国際主義が結ばれた。そしてキューバの歴史に永久に刻まれることになるであろう」と。カストロは人類の最も神聖な価値として愛国心と国際主義というのを揚げております。

もう一つ紹介したいのは、ニューヨークのハーレムでのスピーチです。これは二〇〇〇年の九月ですけれども、カストロは初めて国連に行ったときに国連近くのホテルから追い出されてやむをえずハーレムに泊まって以来、ニューヨークに行く場合は、必ずハーレムを訪問しておられます。そのハーレムのリバーサイド・チャーチという教会での講演です。これは素晴らしい講演で、私は何回読んでも感動するんですけれども、その中でこういうことを言っております。

「人間にとってもっとも神聖な理念の一つというのは連帯精神である。世界のいかなる国の子どもが苦しんでも私は心を痛める。人間を信じ、人間が高貴な感情をもって善良さと無私の精神を持つ可能性を信じることのできない人々は我々の気持ちを決して理解できないだろう」

これは私はカストロの深い思いから出たことばではないかと思います。同じスピーチで将来の理想として、カストロはこういうことを言っています。

「人類が他の人間の苦悩を共感することができない限り、人類の意識が最高のレベルに達したということはいえないだろう」と。他の人間の苦悩を共感すると、共感というか心というか感情、これをカストロは常に強調しています。

ヘレン・ケラーも、カストロやホセ・マルティと同じ連帯精神の貴重さを痛感していた人で、次のように言っています。

「私は世界全体を私の祖国と思う。真の愛国心というのは人間の兄弟愛と他人への奉仕の精神である。人間が、上昇するのも下落するのも、自由になるのも鎖に繋がれるのも全て一緒につながっていることを理解しないのは精神的な盲目である」

4 ＊ 私の見たカストロの人柄

次に、私が見た真実のカストロの人柄というのをお話したいと思います

まず、カストロに私が感じるのは、心において非常に偉大な人だということです。実はカストロはチェについて次のように言っています。一つは一九六五年の一〇月、共産党中央委員会で、チェのカストロへの別れの手紙を読み上げて、その最後にこう言っているんです。

「このチェの手紙の中には一人の革命家の精神に秘められている全ての感情、感受性、完璧な純粋さを示している」。感情、感受性、完璧な純粋さを示している。同じくチェについて、チェが亡くなった一九六七年一〇月、チェの追悼式がありましたが、そのときにこう言っています。

「チェは知性、意志に加えて、心情の美徳を有した感受性豊かな人である」と。実はキューバの日本人移住者がカストロにいい影響を与えています。その一人の竹内憲治さんという人が亡くなったときに、追悼のことばで、「竹内さんというのは忍耐強く感受性に富み、勤勉な日本人の最善の美徳を有している」と。これからもわかるように、カストロは心を非常に大切にしています。心というのはもちろん精神のことです。カストロがとにかく存在しているだけで、希望と力を与えられるのは、カストロの心、精神の強さ、そのリアリティの強さということではないかと思います。カストロと接していると、人間は本来、肉体的な存在であるより、精神的な存在なんじゃないかということすら感じます。

次にカストロのもう一つの、私の見た真実の姿は、私のことばでいえば「偉大なるコントラスト、

対照の人」ということです。私は本の中で、太陽の黒点、つまり人の欠点をあげつらう人がいる、というようなことを書きましたが、カストロも一人の人間ですから、そういうことが無いということは無いかも知れません。しかし実際に私が見たカストロというのは、対照、コントラストが非常に激しいというか、鮮やかな人だと。たとえばカストロ自身、自分は現実主義者であると同時に夢想家でもありユートピアンであるということを言っております。つまり、理想と現実、あるいは女性のような優しさがあるかと思うと預言者のような厳しさがある。

カストロは、ハバナのコロンビア兵営でのスピーチで言いました。

「革命を成し遂げた我々はなぜ革命を実行したか、我々の心に尋ねることが必要だ。純粋に無私の精神から犠牲を覚悟して革命を起こしたのか、どうか。キューバの将来は我々のこのような良心の問いかけに大きく依存している」

私は長年の革命戦争が成功したその瞬間にこういう純粋な率直な良心の問いかけをしている指導者の姿というのは非常に感動的ではないかと思いました。

今度はカストロの人柄についてです。一言で言うなら、モラルの人であると。一九五八年バチスタ政府軍に対する闘いの一番激しい頃ですけれども、シエラ・マエストラの粗末な放送局から兵士に対してメッセージを読んでいます。その中で「大切なのは武器の数なのではなくて、君たちの額に輝く星の数である」と、こういうことばを言っております。これはホセ・マルティが「私の死」という詩の中で、具体的に説明しています。要するに私が思うのは、星の光というものが人間を輝かせるためには、額というか心に秘められたモラルと精神の力というのが必要で、そのためには、ホセ・マルティは、自分にくびきを与えてくれと。くびきとは苦難ですね。くびき、苦難を与えてくれと言っています。そのくびきを喜んで受ける、苦難を喜んで受けるという覚悟がなければできないと。カストロは星の光、モラルの光、精神の光、力を発揮するために苦難を敢然として引き受けている稀な指導家ではないかと思います。

5＊キューバの革命家

キューバの革命家を紹介します。まずホセ・マルティ。ホセ・マルティについては先ほどから何度か申し上げていますが、ここで紹介する一番のポイントは、カストロにとってのホセ・マルティの重要性ということです。

私との深夜の会談のときに、自分はマルティ主義者であるということを言っています。実際に初めてカストロの執務室に入ったときに、その執務室には純白のホセ・マルティの胸像と、それからホセ・マルティ全集が並んでおりました。カストロはホセ・マルティ没後百周年のスピーチでこういう

ホセ・マルティ

言い方をしています。

「若い時からホセ・マルティの思想、散文詩を暗記するまでよく読んだ。ホセ・マルティは自分の息子のようによく理解して知っている」と。「ホセ・マルティはキューバ人に尊厳、品格、愛国心、自主独立の精神を与えてくれた」と。

それからカストロがいかにホセ・マルティのことばを大切にしているかというもう一つの例は、カストロは獄中、ホセ・マルティの本をたくさん読んでいますが、アンダーラインをしている場所の中に、ホセ・マルティの犠牲の精神を表す次のようなことばがあります。

「無私の心で自分の生命を犠牲にする場合にのみ人は犠牲の権利を得る」と。あるいは、「激しい苦悩を慰める唯一の救いは他の人々の苦悩を和らげることができる喜びである」と。こういうホセ・マルティのことば、これをカストロは実践している人ではないかと思います。

カストロを支えるのは、ホセ・マルティのモラルとキリスト教の精神であるというのは私の大きなテーマですが、ホセ・マルティはキリストについて次のように言っています。

「我々の時代は愛と偉大さが稀な時代になってしまった。人類はかつて最も小さな神であったキリストを最も偉大な人間という存在に変貌させてしまった。人間の発展、進歩ということのためには、全て出発の時点に回帰することが必要である」と。「従って我々は十字架に掛けられたキリスト、裸足で両手を広げて我々を受け止めようとしている赦しの心をもった魅力あるキリストの姿に戻る必要がある」。

革命家であるホセ・マルティがこういうふうにキリストを語っているのを私は、非常に驚きました。カストロ自身もいろいろな形で「原始キリスト教時代の輝かしい時代に戻る必要がある」と。つまり原始キリスト教が持っていた生き生きとしたキリスト教本来の倫理、精神、そういうものに戻る必要があるということです。

私が観察するところ、原始キリスト教というのはヨーロッパと近代社会の起源とも言うべきものです。そういう本来の近代社会の源泉ともいうべき精神を継承しているのは現代のアメリカではもちろんない、ヨーロッパでもない。むしろカストロ、あるいはキューバではないかと、そういう印象を持っております。

次にファン・アルメイダ。国家評議会副議長です。カストロと五〇年来の戦友、親友です。アフリカの血の入った元気な人で、グランマ号で来たときに船酔いしなかった数少ない一人です。チェの本を読みますと出て来ますが、チェはキューバに上陸してすぐに負傷して、ああ、自分はもう死ぬんだ

ファン・アルメイダ・ボスケ

と言って、もうあきらめたんですけれども、そのときにこのアルメイダさんが「しっかりしろ」と言って励ました。
また、革命家であると同時に作家であり、作曲家です。この人が作曲した美しい歌曲を何枚かもらいましが、その中に、「ラ・ルーぺ」というのがあります。「ラ・ルーぺ」というのはグランマ作戦で、彼は船の中で作曲して、亡命をしていたメキシコの思い出とこれから乗り込むキューバへの思いをこめた、そういう曲です。それを、靴の底にしまって上陸したとアルメイダが私に語ってくれました。
私はキューバを去る直前ですけれども、二〇〇〇年の二月、公邸でアルメイダさんの七三歳のパーティをやったときに、この「ラ・ルーぺ」を、「カントルム・コラリーナ」という上手な合唱団に歌ってもらったことがあります。そのときの厳粛なアルメイダ、一人のキューバ革命家の感動的な姿というのはいまだに心に深く残っております。

アルメイダはカストロについてこういうことを言っています。

「ある時フィデルは、自分の理解を超えるような偉大な存在に成長していることに気がついた」。私はこのことばを聞いて、やはり、今まで申し上げたようなフィデル・カストロ議長の精神の深さというようなものを痛感しました。

次にカルロス・ラヘ、日本にも来られた方です。四〇歳で党の政治局員とか副議長になって、カストロの後継者の第一人者と言われております。カストロに深く信任されているということはよく知られております。カルロス・ラヘさんは何よりもホセ・マルティを敬愛するモラリストです。もともと医者だったのですが、エティオピアで国際連帯活動に従事しているときに革命家に転身したわけです。思想的にはホセ・マルティでしょうけれども、医者から革命家に転身したというと、むしろ、チェ・ゲバラに、類似しているのではないかと思います。

カルロス・ラヘ

ラウル・コラーレスという写真家。私の本にも、そうですね、二〇枚前後ですか、載っております。キューバの代表的

写真家・コラレス

な写真家です。革命家ではありませんけれども、革命の情熱を秘めた、そして、キューバ革命とカストロを支える芸術家の一人です。ヘミングウェイとも親交があって、そしてあるとき、こういう話をしてくれました。

カストロの秘書であったセリヤ・サンチェスは、シエラ・マエストラの戦いのときに、カストロのメッセージを伝えるために消えないように木の葉に文字を記して、そして仲間の兵士に伝えた、と、そういう話をしてくれたのがラウル・コラーレスでした。

ハイディ・サンタマリア。これは「女性ゲリラ」という題ですが、前の方にいるのがハイディ・サンタマリア、二番目にいるのがセリヤ・サンチェスです。このハイディ・サンタマリヤ、私は、キューバにいるときは必ずしも充分知らなかったのです。結論を先に言えば、キューバは多くの革命家を輩出していますが、

女性ゲリラ―ハイディ・サンタマリアとセリア・サンチェス

そのこと自体がちょっとした、神の奇蹟ではないかと思います、ハイディ・サンタマリアのような純粋な女性革命家というのは、まさに、神の奇蹟というにふさわしいような人ではないかと思います。このハイディ・サンタマリアは一九五三年の七月二六日、いわゆるモンカダ攻撃のときに、弟とフィアンセと、一緒に参加して、敵に捕まりました。弟は殺され、その眼球を見せつけられ、フィアンセも殺害されて、フィデルの行方を脅迫されて白状するように言われました。そのときにですね、「祖国のために死ぬことは永遠に生きることである」と言って、毅然としていたわけです。それについて、カストロは「キューバ女性の英雄精神と尊厳がこれほどの高みに達したことはない」と、こういう言い方をしております。そのハイディ自身、非常に厳しい局面で、こういうことを言っているんです。「フィデルの命には私たち革命家すべての命が含まれている。死んだ同志たちはフィデルの中で生き続けることができる」。こういうことを言っております。その悲劇を背負って、一九八〇年、セリア・サンチェスを追って自殺するまで生き延びるわけですが、やはり非常に辛い月日だったようです。特に辛かったのは一九六七年、チェ・ゲバラの死を聞いたとき、子どものように泣き出して、亡くなって、宛先のない、チェ宛ての手紙を書いて、その中でこう書いているんですね。

「もう私はたくさんの人の、愛するたくさんの人の死を見てきた。太陽はもう美しくもない、ヤシの木を眺める喜びも失われた」と。こういって一九八〇年亡くなったのがハイディ・サンタマリアです。

6 ＊カストロの革命精神

次の写真は「ハバナに入るカストロ議長」です。カストロは、国民、生きた国民というのが常に頭にあるということです。

カストロが革命直後の一九五九年一月八日、この写真のとおりハバナに到着したとき、「純粋に、無私の精神で革命を起こしたかどうか自分に問い正したらどうか」と、そういうスピーチをしたということは前に申し上げました。そして、四〇年経った革命四〇周年のとき、これは私もキューバに居たときですが、そのときのサンティアゴ・デ・クーバでのスピーチで、こういう言い方をしています。

ハバナに入るフィデル・カストロ

「革命が生き続けたのは、教育を受けたあらゆる国民が献身的な努力をしてくれたからである。キューバのような小国が人類の歴史上最強の帝国を相手として闘い、勝利をもたらしたのは、奇蹟であり」、そのあとに、「私は、幾世代ものキューバ国民の努力に対し深い感動の気持ちを抱いている」。深い感動の気持ちを抱いているフィデル・カストロが西側諸国が言うように独裁者になることは絶対にありえないというのが、私の強い確信であります。

〔講演会ではこの後、キューバ革命の断面を映し出す写真十枚近くに基づいて、カストロの革命精神・思想・信仰の展開を語ったが、紙面の制約上省略する。代わりに、数枚を本書の各章写真に利用させていただいた〕

第4章

平和を追い求めるフィデル・カストロ

シェラ・マエストラのフィデル

＊本章は、「新生会創立七〇周年」（二〇〇七年）での講演をまとめたものである。

1 ＊高貴なパッションの人、カストロ

吉永小百合さんの広島・長崎原爆朗読詩の中で、「慟哭《どうこく》」と題する感動的な詩の最後で、母は原爆で亡くした子どもに、次のように呼びかけます。「子どもたちよ、知っているでしょう。正義とは刀を抜くことではなく、愛であることを。母さんを悲しませないことであることを」私もその通りであると思いますけれども、私はこれに平和を加えて、「平和とは、正義であり、また、愛である」と言いたいと思います。さらに、平和を守り、育てるためには、その根底にある人間の尊厳、あるいは、社会正義のため、必要な場合には、刀をもいとわず、戦い抜く固い決意が必要であり、このことを半世紀にわたって、実践しているのがキューバのカストロ議長です。愛の賛歌で知られる、コリント前書一三章にも「愛は不義を喜ばず、真理を喜ぶ」という言葉があります。平安と愛の心に満ち溢れて、世界中に広がる不義、不公正、不平等のために戦い続けるカストロはあるとき、「世界のいかなる国の子どもが苦しんでも、私は心を痛める」と言っています。また、二六歳の若さで、キューバ革命に飛び込んだとき、その思いを次のように言っています。「窮乏のうちに苦しみながら死んでいく子ど

もたちの無邪気な目には、すでに死の影があり、人間の利己主義に許しをこい、神の怒りを抑えることを祈るかのように、無限のかなたを見つめている。」この子どもたちの目に秘められた、無限の悲惨に対する鋭い感受性、イマジネーション。このイマジネーション、弱き人に対する深い、心の底からの同情、これらがカストロの正義感を支えています。

しかし、世界、多くの人がこのことを理解できないことについて、カストロは、次のように語っています。「人間を信じ、人間が高貴な感情を持ち、善良さと無私の精神を持つ可能性を信じることができない人々は、われわれの気持ちを決して、理解できないであろう」カストロがこの言葉を語ったのは、二〇〇〇年のニューヨークでしたけれども、華やかな国連の場ではなくて、アメリカ黒人居住地区のハーレムの教会でした。一九六〇年、キューバ革命後、初めて国連総会に出席したカストロは、国連本部の近くのホテルから、宿泊拒否で追い出され、そして、国連敷地内でテントを張って、抗議をしようとするカストロを助けたのは、ハーレムの質素なホテルのオーナーでした。それ以来、カストロは、ニューヨークを訪れるたびに、ハーレムの黒人との会話を欠かしたことがありません。六〇〇回を越える暗殺計画を克服し、生き続けているカストロの不正に対する憤り、人間性への信頼、正義という理想実現に、飢え渇くような思い、これが私が見たフィデル・カストロで、高貴なパッションの人と言えると思います。

2＊カストロの平和思想

カストロは、絶対的な非戦・不戦思想を一九七九年の国連総会で次のように述べています。「国際政治において、武器、脅迫、傲慢の騒音は終息すべきである。爆弾は飢え、病気、無知を殺すことはできず、諸国民の正義の反乱を殺すことはできない」この諸国民の正義の反乱とは、ベトナム戦争を含む、アジア、アフリカ、そして、中南米各地における民族解放闘争であることは言うまでもありません。キューバは革命直後より、現在に至るまで、アメリカ、CIAなどによる数多くのテロ行為の犠牲者であるだけに、テロとの戦いに対するカストロの言葉は、真剣であり、傾聴に値するものです。九・一一事件の直後に、カストロは、次のように述べ、平和思想を毅然として貫いています。

「テロは不正であるが・アメリカは無制限の正義という奇妙な名目で、無制限の戦争を開始することは許されない。人命と尊厳を尊重することが不可欠である。戦争によらず、テロリズムを根絶するため、国連総会が平和による解決の戦いの中心となるべきである」

リンカーン大統領は、南北戦争の真っ最中の一八六二年に、「神の意思についての随想」と題し、次のような率直な思いを記しています。「この内戦における神の意思は、人間の思いや試みとは、異なるかもしれない。しかし、最終的には、必ず、神の意思の通りになるであろう」奴隷解放という、いわば、正義の戦いに挑んでいたリンカーンの謙虚な気持ちを、「無制限の正義」を独占する現代の超大国アメリカ大統領の傲慢な思想と比べると、この一〇〇年以上の間に、アメリカ、そして、アメリカに追従する西側・先進諸国の倫理的、宗教的基盤が悲劇的なまでに衰退したことを認めざるを得ないと思います。

はじめに、私は、「平和とは正義であり、愛である」と申しましたが、カストロの平和思想は、人間の尊厳、正義、連帯を大切に育て、積極的な平和を建設しようとする、いわば、生きた平和の精神というのが大きな特質だと思います。カストロは、キューバ革命の発端となった、一九五三年に、次のように述べています。「貧困と不公正と絶望の海がわれわれを取り巻いていた。鎖を断ち切るためには、革命を起こし、勝利か死かの覚悟をしなければならなかった」カストロはまた、自らの政治的、思想的な師である、ホセ・マルティに触れて、次のように述べています。「詩人でもあったホセ・マルティは、平和を愛し、人と人との連帯と調和を希求したが、植民地・奴隷制・不正義に対する正義の闘いをためらわなかった。その闘いは、いかなる国も経験したことがないような、最強の敵、アメリカを相手にすることを意味した」ベネズエラの革命家・ボリーヴァルは、一九世紀に「アメリカは、宿命的に自由の名でラテンアメリカ大陸に悲惨を撒き散らすであろう」と予言していますが、その悲惨の受難の象徴として闘っているのは、キューバとカストロです。

3＊人類が祖国

カストロの平和思想は、全世界、人類全体を視野に入れて、実践されています。この素晴らしい思想について、カストロは、次のように述べています。「人類はわれわれの祖国であるというホセ・マルティの言葉を心で感じ、実行することがわれわれの任務である。個人を超越する価値、無限の宇宙の存在を考え、個人ではなく、人類全体を考えよう。」カストロは、先に述べたハーレムのスピーチで、次のようにも述べています。「キリストは汝の隣人を愛せよと説いたが、われわれキューバ人は、この教えを実行している」そして、その具体的な内容について、次のように述べています。「アフリカ、中南米を中心に世界各国において、これまでに五〇万人近くのキューバ人の医者、教師、技術者、建設労働者、兵士らが国際連帯精神に基づいた活動を行っている。このようにキューバ人が活動してきた。いかなる国においても、キューバは、いかなる投資も一辺の土地も保有したことはない。カブラルというアフリカの指導者が予言したとおり、「キューバ兵士が祖国に戻るとき、彼が持ち帰るのは、死亡した同志の遺体だけである」カストロは、このような献身的な国民を「英雄精神に満ちたヒューマニズムの使徒」という美しい言葉で感謝をしております。カストロは、「人類が祖国」との理想に生き、亡くなった二千人以上のヒューマニズムの使徒のために、一九八九年にキューバ全土にわたり、大規模で丁重な追悼式を挙行し、ハバナでの式典で、次のように述べています。「彼らは植民地主義と人種差別に反対して戦い、第三世界の人々が苦しんでいる搾取と抑圧に反対し、これらの人々の独立と主権のために戦い死んでいった。彼らはあらゆる人間の尊厳と自由のために戦い、もっとも尊い価値のために生命をささげた。われわれは、この模範を学んで進もうではないか」

私はこのスピーチを読むたびに、尊い国民の犠牲を痛むカストロの悲壮な慟哭、叫びを聞く思いがします。また、人類を友とし、世界に広がった精神に生きるカストロという精神の偉大さが、目に見えるような思いがします。

このカストロの熱意と真剣さをキューバ国民が共有していることが、また、感動的です。特に、医療分野では、カストロはキューバ国民の完全無料医療を充実させるだけではなく、これまで七〇ヵ国以上に、三万人に達するキューバ人医師を派遣しています。パキスタンの野営キャンプで国際医療協力に貢献した、ある若い女性医師は、次のように述べています。「私は希望を無くしている人たちを助け、失われるかもしれない生命を回復させるため、友情と友愛の心で国境を越えて人道的連帯の仕事をしました」一世紀前、アフリカの原生林の中で、苦痛と絶望に支配されている黒人のため、医療活動を推進したシュヴァイツァーは、こう言っています。「生命を救うというより、数日の苦痛を除くことができることを恩恵と思う。これは避け得ない義務である」この若きキューバ人女性の精神は、シュヴァイツァーの精神と同じレベルだと思います。ある別のキューバ人医師は、「家にまで医者が来てくれて、触診、体に触ってみていただいたのは、生まれて初めてであると、外国人の患者が感動する姿に接して、私はキューバという素晴らしい国に生まれたと実感しました」と述べています。これが「人類が祖国」という理想に生きる、カストロとキューバの姿です。

4＊正義

全世界に広がるカストロの平和思想を垂直的に支えるのが正義と尊厳の思想、特に、正義です。カストロの正義は、世界に拡大するアパルトヘイトともいうべき、世界各地の差別、抑圧、あるいは、自由・独立・主権の侵害という不正義に対する激しい怒りです。特に、弱き、名もない人々に対する、正義実現へのカストロの精神は、真剣でリアルです。一例を挙げましょう。一九九九年一一月、エリアン・ゴンザレスという六歳のキューバ人少年が、母親に連れられ、ボートでフロリダに亡命しようとし、水死した母親に取り残され、アメリカの沿岸警備艇に助けられ、しかし、このエリアンの処遇について、この問題を政治問題化させようとする、マイアミの亡命キューバ人の不正な試みにより、エリアンがアメリカに抑留されました。カストロは、直ちに、父親をたずね、父の意思と事実を確認すると、「われわれはヨブの忍耐で、天地を動かしても、エリアンの帰国を実現する」と述べ、国民も連日大規模な抗議デモを展開しました。たった一人の弱き少年のため、数十万の国民の正義の戦いを直接目にした私は、カストロの正義の戦いが、一千万国民に共有されている姿に深く感動しました。良識あるアメリカ国民の支持もあり、半年後、エリアンの帰国が実現したとき、カストロは、次のように述べています。

「偉大な理想のための戦いが、いかに美しいかが示された。正義と高貴な目的を追求してきたキューバ革命は、国民の間に団結と英雄精神を築いた。また、正義が決して敗れないことを示した」

　紀元前八世紀の予言者アモスは、「正義を激流のごとく、奔流せしめよ」と言いました。カストロの情熱的な正義とは、このようなものです。カストロの正義の戦いが、超大国アメリカに向けられることは当然です。二〇〇三年、日本訪問の直前に、マレーシアで開かれた一三回非同盟国首脳会議で、カストロは次のように述べています。

「巨大な超大国の支配により、真実、すなわち正義と倫理が果たすべき場が狭められ、文明全体の支柱と価値観が危機に直面している」

　半世紀にわたり、キューバを専制国家、テロ支援国家と非難し、不正に経済制裁を加えているアメリカに対する、カストロの正義の怒りは、次のように厳しく激しいものがあります。

「キューバには、正義と平等と文化があり、この地球上における、もっとも人間的で公正な社会である。不正義、不平等がまかり通るアメリカ社会を、自由・民主主義の模範と語るブッシュは恥ずべきである」

　一九七六年、キューバ航空を爆破し、七三人のキューバ人を死亡させ、さらに、二〇〇〇年には、パナマでカストロ暗殺を企てたポサダというテロリストが最近、アメリカに不法入国したのを、アメリカ政府は釈放してしまいました。その対応について、カストロは次のように述べています。

「われわれは個人の問題でなく、アメリカの偽善という不正を裁判にかける必要がある。人類は正義を熱望している」

カントも「世界が滅びても、正義が実行されなければならない」と言っています。

ホセ・マルティは、「椰子より高く正義を掲げよ」と述べています。私が足かけ四年、朝夕見上げたキューバの椰子の木は、本当に美しく勇壮でした。その椰子の木と同じ存在感と、美しさがカストロの正義の本質です。

5 ＊ 尊厳

カストロは、ある深夜の会談で私に次のように言われたことがあります。「私は、十字架に架けられたイエス・キリストの教えと倫理に従って生きることが、私の宿命であると思っている。」私は、「十字架に架けられたキリスト」という言葉に驚き、深い感動を覚えました。これが死ぬことも許されぬ、重い十字架を背負って闘い続けるカストロの尊厳です。カストロは、尊厳について、次のように述べています。

「尊厳を持たない人間もいるが、自らのうちに世界の尊厳を抱く人々、自らの精神が世界の尊厳に支配されている人々がいる。チェ・ゲバラはその一人である」

パスカルは、「パンセ」の中で、「世界、宇宙を包む人が真の尊厳を持つ人」と言っていますが、人類全体の無限の悲惨を背負っているカストロこそ、真の尊厳を持っていると思います。このようにいうと、堅苦しいですが、カストロの尊厳は、何よりも正義、あるいは、他人のために生命を捨てる人間の尊厳です。一九六一年四月、ＣＩＡが計画した外国人傭兵の軍隊がキューバを侵略した、ヒロン湾事件で、死亡した一五六人のキューバ人の一人が自らの血で、壁に「フィデル」と書き残して死んでいきました。多数の革命家とキューバ国民が「自分が死んでも、フィデルの中に永遠に生き続ける」と確信して、祖国と、世界の弱き人のために死んでいきました。「私は一〇〇回十字架に架けられても、自分の義務を果たすためにへこたれない」と述べるカストロは、これらの尊厳ある人々の犠牲に対して、「私の良心は巨大な重荷を感じている」と告白しています。

ヒロン湾事件の直後、カストロは次のように述べています。「人間の尊厳を大切にするキューバ国民にとっては、死の恐れは何の力も及ぼさない。国民が恐れるのは、むしろ、国民と人間の尊厳を踏みにじる暴政のくびきに再びつながれることである」。この言葉は、カストロの平和の闘いが正義と尊厳であることをはっきり物語っています。

人類が核戦争の危機に直面した、一九六二年一〇月のミサイル危機では、カストロは、キューバとキューバ国民の絶滅を覚悟しました。チェ・ゲバラが「輝かしくも悲壮な日々」とよんだ危機の真っ最中、カストロは国民に対して、次のように語りかけました。「キューバは主権国家であり、自由に選ぶ武器で自らを防御する権利を有している。キューバの主権を奪うためには、アメリカはわれわれ全員を地球上から抹殺する覚悟が必要である」。この強い闘志にあふれたカストロのスピーチを聞き終えた国民の多くが、それまで人通りの絶えていた街頭に飛び出し、かがり火を燃やし、国歌を歌う姿が国中にあふれました。カストロはその頃、フルシチョフ宛書簡で次のように述べています。「このような恐るべき危険に直面した国民が一致した義務感に基づいて闘い、死ぬ覚悟をしたということは、人類の歴史において、稀有というより、まったく初めてのことではないでしょうか」。カストロと極限の時間を共有した国民の精神の偉大さ、尊厳の強さについて、カストロは二〇〇三年三月、広島を訪問したとき、次のように述べています。「われらは地球上から消滅してしまうのではないかと思った瞬間もありました。しかし、人間の精神に勝るものはありません。あの日々、わが国は強い愛国心と正義の夢に満ち、どんな些細な恐れさえもみせる人は誰もいませんでした。人間は常に死そのものよりも強いものですし、これからもそうでしょう」。とりあえず、これで終わりにします。

◉──輝かしき「義の太陽」の恩恵への感謝

【『新生』第二九巻夏、秋号、二〇〇六年七月二〇日、一〇月二〇日】

「まずはじめに、詩とイマジネーションが生命の扉《とびら》を開く」今春、梅と桜に彩られた榛名高原はこのフロレンス・ナイチンゲールのことばの真実を実感させてくれた。輝くばかりの満開の桜の大木の側にひっそりと残された質素な建物は、自然と美、そして歴史が不思議な存在感で一体となっていた。梅の香を運ぶ冷たき風に吹かれる桜の花びらを窓外に見つつ、静かな図書館で内村鑑三「聖書の研究」誌全巻を発見して驚き、夢中で最終号を読んだ。死を目前にした闘病生活の中でアフリカの病める黒人の医療活動に専念するシュヴァイツアーに深い同情の思いを寄せ寄付を送る内村は、死の床で「日本の隆盛と世界の平和と宇宙の完成」を祈り最後まで全人類の患難を自らの祈りと一体とさせた。

私のイマジネーションは自然にキューバ革命を実現し半世紀以上想像を絶する困難を鋼鉄の如き意志と忍耐・犠牲の信仰によって克服し日々国民を鼓舞（こぶ）し続けるフィデル・カストロ国家評議会議長に飛ぶ。「窮乏のうちに苦しみながら死んでいく子供達の無邪気な目にはすでに死のかげがあり、人間の利己主義に宥しを請い神の怒りを押さえるよう祈るかのように無限のかなたを見つめている」というカストロのことばに反映されている弱き者に対する心底からの同情、鋭い感受性、正義への闘志こそカストロと革命キューバの偉業を支え続ける原動力となっている。ここに掲げた（「シェラ・マエストラのフィデル・カストロ」二〇五頁）三〇才のカストロの風貌には凛々とした革命家のエネルギーと共に深い精神性が刻まれている。この八月に八〇才を迎えるカストロはこの精神性を崇高ともいえる偉大さに成長させた。その秘密は何か。私はキューバ体験中数十回カストロとことばを交わす機会に恵まれたが、ある深夜の会談でカストロが「私はマルティ主義者であるが同時に十字架にかけられたイエス・キリストの教えと倫理に従って生きることが私の運命である」と静かに語った時の深い驚きと感動は今も鮮烈である。そのことばの教訓を考えてみたい。

第一に「マルティ主義者」とは何を意味するか。「キューバの使徒」といわれるホセ・マルティはカストロの政治的・思想的師ともいえる革命家であるがその本質は「椰子より高く正義を掲げよ」ということばに示される純粋な倫理性・道徳性にある。ゲリラ闘争の真最中粗末な放送局から革命軍兵士に向けて「問題は武器の数ではなく君達の額に輝く星の数である」と語ったカストロは、純潔な倫理感を武器に闘い続けている歴史上稀有の政治指導者である。

第二に革命家マルティとキリストを当然の如く結びつけて語るヵストロの生き方である。カストロの革命闘争はキリストの信仰に支えられ、その信仰は現実の血と涙の実践により真実なものに深まっていく。現実と理想・信仰の間断なき交錯によりカストロの精神・存在が偉大なものに成長・発展する。このような正真正銘の活きた信仰に生きるカストロは、人間性と尊厳を軽視する現代文明の危機克服に不可欠な倫理的な思想の闘いができる唯一の人間である。

第三に「十字架にかけられた」ということばに秘められたカストロの精神の深淵（えん）である。

カストロは「私は自分の義務を果たすためには百回十字架にかけられてもへこたれない」と獄中からの手紙に記しているが、現在まで限りなく続く十字架の苦難をヨブの忍耐で克服し続けている精神的巨人である。カストロが「原始キリスト教の輝かしい時代に回帰する必要」を語る時、十字架の苦難と殉教と共に愛と赦しの心を持った魅力あるキリストに戻る必要を意味する。

遅咲きの八重桜の豪華な花びらが里の道々にしきつめられ、鮮やかなつつじが高原を彩る頃から私は度々ベートーヴェンの「オリーブ山のキリスト」に心を傾けている。ゲッセマネの祈りで「人類の救済のために十字架の死を受け入れる」イエスの苦悩と愛を画くこの神秘的な曲に満ちているイエスの聖なる輝きの中に、ベートーヴェンとカストロの高貴な魂が光る。長年国民の奴隷の如く正義の闘争を続けて来たカストロも七月末病に倒れたが「私は国民に無限に感謝しており大変幸せである。戦いの同志に永遠の栄光あれ」と語り病床から九月中旬ハバナで開催された非同盟諸国首脳会議を成功させた。愛と平安に満ちたカストロの不滅の精神は不信と絶望の暗闇に煌々と輝く。

「キリストの倫理と教えに生きる」と私に語ったカストロの活きた信仰とは、日々キリストの十字架を受容するゲッセマネの祈りに生きる信仰である。幾度となく死ぬばかりのゲッセマネの苦悶を経験し、死ぬことも許されぬ重い十字架を背負っているカストロは限りなくキリストに近い存在だと思う。「自分が死んでもフィデルの中に生き続ける」と確信して死んで行った多くの革命家。戦闘で死にゆく自らの血で壁に「フィデル」と書き残した兵士。祖国と世界の弱き人々のために死んだ数千もの国民と同志。これらの犠牲について「私の良心は巨大な重荷を感じている」と語るカストロを支えるのはゲッセマネの祈りなのであろう。

キリストの愛が全人類に向けられるのと同様、カストロは世界の無限の悲惨を背負う人である。カストロにとっての無限の悲惨はマルティが「巨大な悲惨」と語った人間の奴隷のみでなく、全世界の差別・抑圧された貧しき、弱き人々更に、虚構の世界で偏見と無知の鎖につながれて精神の奴隷として物質文明に生きている社会的盲目の人々の姿である。「恵まれた人々の自己中心の心情に自ら気がついていないことが問題である」と私に語ったカストロは人間存在の奥を凝視する。富める青年を憐れんだキリストの深い心情を持つカストロである。

世界の無限の悲惨を背負うカストロの思想的武器は「人間の尊厳」と「正義」である。「自らの尊厳が世界の尊厳に支配されている」カストロは必然的に世界の無限の悲惨を背負う。カストロの人間の尊厳は「自由意志」などの概念ではなく、大義あるいは他人のために生命を捨てる人間の尊厳を意味する。南アフリカ黒人解放の契機の地ソウェトを訪れたカストロは「ソウェトの青少年は全ての人間の尊厳という感情を守るために闘った」と語っている。若くして大義のために自らの生命を捨て切ったカストロが、ソウェトの黒人など無限の悲惨に生きる人々故の尊厳、生命への畏敬、生きる意志に対して抱く憐れみは真剣でリアルである。数多くのゲッセマネの経験がカストロの尊厳である。

カストロの正義は尊厳と同様、弱き者、抑圧・差別されている人々への社会正義である。カストロが「世界全体に拡大するアパルトヘイト」と呼ぶ世界各地の巨大な差別・不正に対する激しい怒りを示すカストロは、「正義を激流の如く奔流せしめよ」と語ったアモスの如き峻厳なる正義の勇者である。「人類が祖国」という命類に生きるカストロの行動力は感動的である。キューバ国民の完全無料医療を充実させるだけでなく、三万人に達するキューバ人医師による七〇ヶ国以上の病人への医療活動についてカストロから直接聞いた、熱意と真剣さに対する私の敬意は深い。医療と共に生きる喜びを育てる教育に寄せるカストロの情熱もすごい。革命直後二七万の教員を動員したキャンペーンで革命前三七％に達した文盲率を一年で三・九％に下げ他の国々の教育も援助している。

カストロは輝かしき義の太陽である。「悪しき人は太陽の光の恩恵を忘れ太陽の黒点のことばかり語る」この世でも、世界の多くの人々がこの義の恩恵に感謝している。

第5章

現代文明の危機を告発する単独の人、フィディル・カストロ

チェ・ゲバラ追悼式のフィデル・カストロ

【『ひとりから』40号、二〇〇八年一二月】

1＊フィデル・カストロの「ひとりから」

北京オリンピック閉幕の頃から、キューバとカリブ海の国々は猛烈なハリケーンに襲われた。日本では、例の如く、「ハリケーンがアメリカ本土に上陸するかどうか」しか報道されなかったその大型ハリケーンについて、キューバを愛する私の娘が、インターネットで調べ、教えてくれた。

「ハイティでは数百人が死亡し、災害を受けた人々は食糧難に苦しみ、泥のクソキーで飢えをしのいでいる人もいる。それに比べ、キューバでは、徹底した避難対策のおかげもあり、ハリケーン・グスタフでは死者ゼロ、ハリケーン・アイクでは数人しかいなかったのは奇跡的。キューバ人は、いつでも、世界各国に医療協力や援助の手を差し延べているが、このような自然災害の時でも、キューバ人は本当にしっかりして、お互いに助け合っている。キューバは世界が誇る国よ。みなが見習わなければ、お父さん。そう思わない！」

私も改めてそう思い、『ひとりから』の終刊号に、この奇跡的なキューバとキューバ国民を母親の必死さで育て、見守るフィデル・カストロの「ひとりから」について私の想いを記させていただきたいと思った。

今、日本と世界が本当に求め、必要としているのは確固たる基盤に立った希望である。厳しく、困難な状況にもかかわらず希望を持ち続けている勇敢なキューバ国民を半世紀以上にわたって、守り、鼓舞し続けている「義の勇者」、フィデル・カストロの「ひとりから」、特にその「思想の闘い」から学ぶべき教訓は多く、深い。

本年初め、形の上では国家元首の地位から引退したカストロの存在と役割が次第に忘れられているのは残念だ。実は、カストロは二〇〇六年病床に伏して以来現在に至るまで、連日、党機関紙に健筆をふるい、思想の闘いを展開して、キューバ国民と多くの発展途上国の人々に希望を与え続けている。国民が安心し、希望をもって生きるために不可欠な全面的な無償教育と無償医療を充実させたカストロは、最近、中南米諸国を中心とする世界各国にも暖かい援助の手を差し延べ、国際的なキューバの評価を高めていることは、『ひとりから』39号の「キューバ特集」にも紹介されているとおりである。

重要なのは、人間に生きがいと希望を与えるこれらの教育・医療・福祉政策を支えているカストロの高潔な志・精神と絶えることのない思想の闘いである。そのことを、日本と世界の人々に訴えたい想いで執筆したのが私の『フィデル・カストロ――世界の無限の悲惨を背負う人』（同時代社）であるが、「思想」に焦点をあてて根幹を記すと次のようになる。

2＊カストロの絶対平和思想

第一に、日本の国是でもある不戦・平和こそカストロの思想を根本的に支えている。明年（二〇〇九年）一月、五〇周年を迎えるキューバ革命は独裁に対抗するため武力革命の形をとったが、カストロの本当の目標は、人間にふさわしい社会と恒久平和を建設するための積極的な平和の闘い、平和革命である。ある会談で、沖縄戦と神風特攻隊について私に真剣な質問をしたカストロは、二〇〇三年、広島訪問の夢を実現し、平和の闘いに新たな闘志を燃やしている。一九七九年の国連総会で、「武器・爆弾、脅迫の騒音は、飢え、病気、無知を殺すことはできず、諸国民の正義の反乱を殺すことはできない」と語ったカストロの絶対平和思想は不動である。

3＊「椰子より高く正義を掲げよ」

第二に、カストロの平和を根底から支えるのは、人間の尊厳と正義という厳然たる普遍的原理である。資本主義・社会主義といった政治的イデオロギーでなく、「人権」といった恣意的に解釈される抽象的概念でもない。ハバナの街を歩くと、あたりまえのように「尊厳」「正義」ということばと実体に出会う。

カストロが私に語るこれらの言葉と思想は、「パン」や「いのち」と同じように、それ以上にリアルで実在感をもって迫ってくる。カストロにとっての尊厳とは、大義あるいは他人のために生命を捨てることができるような人間の尊厳である。世界各地の弱き者、抑圧・差別され無限の悲惨に生きる多くの人々に対するカストロの感受性と憐みは真剣である。また、カストロの正義は、世界各地の巨大な差別、不正（この現実をカストロは、「世界全体に拡大するアパルトヘイト」と呼んでいる）に対する激しい怒りを基盤としている。この意味で、カストロの精神は世界の尊厳に支配されている稀有な存在であるといえる。カストロの政治的、思想的師でもあり、キューバの「使徒」とよばれるホセ．マルティが残した「椰子より高く正義を掲げよ」という美しいことばに生きるのが、カストロとキューバの人々である。カストロは、現実の困難に直面すると、必ず、正義と尊厳という高貴な理念を掲げ、若い人々を中心とする全国民の思想の闘いを展開させる。

一例を挙げると、私のキューバ滞在の最後の頃、一九九九年末、亡命に失敗して水死した母親に取り残されたエリアン・ゴンザレスという六歳のキューバ人少年が亡命キューバ人が策動する不正な試みによりアメリカに抑留された「エリアン事件」がある。カストロは、「ヨブの忍耐で、天地を動かしても、エリアンの帰国を実現する」と強い覚悟を述べ、直ちに学生を中心として真剣な「思想の闘い」を開始し、国民も連日、大規模な抗議デモを展開し、半年後に、エリアンの帰国を実現させた。私も、仕事でキューバ外務省に行く途中、女性、労働者などの大群衆がキューバ国旗を掲げて静かに行進するデモにまきこまれたことがあったが、たった一人の弱き少年の運命と尊厳に対するカストロの想いの深さが、一千万国民に共有されている姿に感動した。

4＊「ヒューマニズムの使徒」

第三に、カストロの思想の闘いが、全世界を視野に入れて実践されていることである。カストロはこのことについて次のように語っている。

「人類はわれわれの祖国であるというホセ・マルティのことばを心で感じ実行することがわれわれの任務である。個人を超越する価値、無限の宇宙を考え、人類全体を考えよう」

尊厳と正義に基づく「人類が祖国」という思想の闘いを共有する三万人に達するキューバ人医師が、七〇ヵ国以上で献身的な国際連帯活動を実践している。カストロが「英雄精神に満ちたヒューマニズムの使徒」と呼ぶこれらの同志は、カストロと共に思想の闘いの最前線に居る。

カストロは、「最近のハリケーン災害にもかかわらず、数多くのキューバ人医師がハイテイを含む多くの国で自らの命を危険にさらしながら援護活動に従事している」と語り（九月一六日付「思索」）、また、「長年の間キューバの人々がまいた連帯の種は着実に成長している。世界は、ハリケーン災害の際のキューバの人々の行為を賞賛し、ベネズエラはいうまでもなく、ロシア、ヴェトナム、中国の他、東チモールのような小国からも援助の手が差し延べられている」と語っている（九月七日付「思索」）。

ある深夜の会談で、カストロは私に次のように語った。「私は、ホセ・マルティ主義者であるが、同時に、十字架にかけられたイエス・キリストの教えと倫理に従って生きることが私の宿命である」。そのことばを聞いた時の私の驚きと深い感動は、今もなお鮮明である。そして、フィデル・カストロは、人類の経験を背負って、孤高な思想の闘いを通して、キューバはいうまでもなく、世界の人々に希望を与え続けることのできる人類の歴史上、稀有な精神的巨人であるという私の確信は日々に成長している。

私のささやかな「ひとりから」の歩みは、このような巨大で奇跡的な存在であるカストロとキューバに出会うためであったという深い想いと、そのことに対する感謝の気持ちは、長年苦労を伴にしてきた妻と娘が共有する宝である。

5 ✷カストロと革命キューバの過去、現在、未来

やや堅苦しい「まとめ」になってしまったが、ここで、『ひとりから』39号の「キューバ特集」に掲載された編集室の問題提起に対する私の感想を記させていただきたい。

問題提起の内容は、根本的な問題意識に貫かれており、それらに対する感想を記すには一冊の本を必要とする程なので、以下に記すのは、私の断想にすぎない。

(1)、何よりもカストロの真の人間像の認識がある。私は「人間の尊厳を感得し、創造する精神、魂の鐘の音の響き」、「芸術以上に美しい人間性の響き」という表現にハッと驚き、深い共感を覚えた。私が親しく接することのできたカストロは、そのような人間であった。

一九九八年一月、ローマ法王ヨハネ・パウロ二世をハバナ空港に出迎えたときのカストロは、「ミケランジェロが描く旧約聖書の予言者のような厳粛な表情」の美しさであったが、私が最後に会って握手した時のカストロの表情は、ミケランジエロのシスティナ礼拝堂天井壁画の「天地創造」の中の神の表情とそっくりであるが、もっと慈愛に満ちあふれていた。よく考えて見ると、結局のところ、人間の創る文化、文明は自然を超えることはできず、自然の一部である人間、しかも、神聖な尊厳を

与えられた人間の精神が、芸術より美しいことがあっても不思議ではない。そして、キューバにおいては、過去においては、ホセ・マルティ、チェ・ゲバラ、ハイディ・サンタマリアなどの尊厳と美に包まれた革命家の群像があり、現在もカストロが「英雄精神に満ちたヒューマニズムの使徒」と呼ぶ数多くの「新しい人間」が、「高らかに鳴り響くオーケストラの音色のように響き渡っている」。このような人間こそが、悲劇的・絶望的な世界と社会において、「人間への信頼と希望」をつないでくれるという想いに深い共感を覚えた。カストロは、「チェ・ゲバラは何よりも最高の芸術家である」と述べ、そのチェ・ゲバラは「革命家は最高の人間である」と述べたが、私は、「真実の革命家こそ、最高の芸術家であり、最高の人間である」といいたい。

そして、この革命家とは、武器をとって闘う革命家だけではなく、「人間として崇高な喜びのあふれる平和革命」を闘うことのできる世界各地の「ひとりから」の革命家の群像であることはいうまでもない。

(2)、次に「恐ろしい社会主義と異なるキューバ社会主義」をどのように判断するかという問題提起は、単にキューバ、あるいは社会主義にとどまらず、民主主義、資本主義体制のあり方、人類の理想社会のあり方、更には人間のあり方にまで連なる根本的な問題だと思う。

私が駐キューバ大使として、「ひとりから」、日本政府、あるいはアメリカ政府と「格闘」したのも、この問題をめぐってであり、現実のキューバに直面し、具体的問題の解決を通じて得られた私の想いの一片は、『フィデル・カストロ』（同時代社）に記したので、ご関心のある方は読んでいただきたい（第四章キューバ革命の精神、第六章キューバ革命の普遍性の末尾に断想としてまとめてある）。「社会主義＝全体主義、資本主義＝自由主義というイデオロギーの誤り」はいうまでもないが、「美しき革命家」にあふれるキューバを「テロリスト支援国家」と断罪するアメリカ政府に追従あるいは黙認する日本や、欧州文明の継承者たるヨーロッパ諸国の無知、無理解こそ断罪されるべきではないだろうか。

（3）、次に、「新しい人間」が、どのようにして新しい社会の創造に貢献できるかという問題提起がある。「人権、民主主義意識が、人々の中に築かれず、砂のように崩れ去っていく日本（世界）のゆく末」を真剣に懸念する想いに深い共感を覚えるのは私だけではないと思う。

この問題提起に関連して、私は「美しい響きを作り出せるのはカストロやチェ・ゲバラだけではない」という指摘も同感である。平和革命の先達ともいうべきシュヴァイツァーは、著書『文明と倫理』の中で次のように述べている。

「人類の破滅を阻止するためには、人類は新たな精神構造に生まれ変わることが不可欠である。そして、われわれが『考える人間』になることを決意すれば、この『革命』は必ず実現すると確信している。中世の暗黒から抜け出したルネサンスよりも偉大な、新たなルネサンスが誕れ出なければならない。私は、このルネサンスのささやかなパイオニアーとなり、この現代の暗黒の世界にたいまつの灯火を掲げたいと思う」

キューバ国民の道徳的資質の向上が革命によって大きな進歩を実現したことは事実であり、カストロは「献身的な活動を行なってきた医者、教員、更には、数十万、数百万という労働者、農民、知的労働者が、『新しい人間』の資質を備えている」と述べているが、日本をはじめ世界各国の多くの「ひとりから」の人々が、精神革命による新しい人間として生きているはずである。

（４）、多くの「新しい人間」の共同・連帯を支えるものとして、「新しい人間」は必然的に「ひとりから」こそ連帯精神を創造するという厳粛な事実がある。カストロは、「新しい人間の根本理念は、自己中心主義を捨て、全ての人々を兄弟と考えるような強い連帯精神である」と断言しているが、カストロとキューバの人々は半世紀に及ぶ苦難の歴史を通じ、その連帯精神、同志愛を純化させ、全世界に拡大している。具体的に冒頭のハリケーン災害に関連した一番最近のカストロの言葉を紹介したい。

九月二日付のグランマ紙に掲載された「思索」において、カストロは病床からテレビで詳しく放映された八月末のハリケーン・グスタフの被害について、「その恐るべき荒廃の姿は、広島訪問の時に原爆記念館で接した、一九四五年八月の広島原爆の荒廃ぶりを想い出させた」と記した後、キューバ各地の災害後の国民の連帯精神を詳しく紹介し、「われわれ祖国の最高の力である連帯精神を、今後とも発展させようではないか」と訴えている。少し古いエピソードであるが、一九六三年一〇月キューバ本土を直撃したハリケーン・フローラが、革命前の独裁政権時代に、治水、ダム建設などが放置されたこともあり、一二〇〇名の死者という巨大な被害をもたらした直後のカストロのスピーチも感動的である。「革命の勢力はハリケーンより強い」と題し、この災害で示された国民の連帯と犠牲の精神に感謝するこのスピーチの中で、カストロはこのように語っている。

「人々が示したのは、自己中心主義と全く反対の自己犠牲であった。全てのものを失った自然との闘いにおいて人々が示した決意、勇気、ストイシズム、冷静さ、人々の連帯のすばらしさは、信じられない程、すばらしいものであった」

自ら率先して自己犠牲と連帯精神に生きているカストロの語るこれらのことばが、どれほどの魂と精神の深みから語られ、また、どれほどの価値と真実を含んでいるかを私は直接の体験から深く感動させられたことも少なくない。

同じくハリケーンの例であるが、一九九八年九月末、キューバに災害をもたらしたハリケーン・ジョージの時のことであった。陣頭指揮で機敏な行動力を発揮するカストロは、ハリケーンがハバナを通過中の深夜に、私を呼び出して、日本政府からの援助を要請した。その直後、公邸に戻る私は、カストロの乗用車が執務室のある革命宮殿の方向に疾走していくのに遭遇した。国民、被害にあった弱い人々に対するカストロのトータルな想いと献身的な行動力。「新しき人間」カストロの生き生きとした、燃えるような精神の姿に私の胸は熱くなった。幸い、日本政府は「一〇億円で二万五千トンの米の緊急人道援助」を決定してくれたが、カストロは多忙なスケジュールの中で、わざわざ私に会い、国民に配給される米の援助に真剣な表情で謝意を表明してくれた。二万五千トンといっても配給を、被害にあった児童、老人などに限定しても一人一か月に五百グラムという少量の援助になるが、国家元首というより、子を想う親のように「一日も早く、国民に届くことを念願する」カストロの姿は今想い出しても感動的である。これが、カストロの「ひとりから」である。

（5）、最後に、「砂のように崩れ去っていく」弱く、はかない人間が、どのようにして精神革命を実現して「新しい人間」に成長できるかという最も困難な問題提起がある。

カストロの答えは、「教育と思想の闘いの積み重ね」という単純で困難な課題である。教育について、カストロは次のようなホセ・マルティの美しいことばを心に秘めて、革命直後から、あらゆる分野の教育の充実に献身していることは良く知られているとおりである。

「よく教育され、高潔な道に感情が向いている子どもたちこそもっとも幸福であり、常に強く、自由である」。ホセ・マルティは、「人生の必要のみならず、その喜びを育てることのできない国は死に至る」という深いことばを残しているが、私が接した厳しい状況に生き、学ぶキューバの子どもたちは明るく、喜びにあふれていた。キューバの人々には、ホセ・マルティ、チェ・ゲバラ（そしてフィデル・カストロ）のような秀れた「新しい人間」のモデルが存在する。私が訪れた質素な教室の壁には、「セレモス・コモ・チェ」（私達はチェのようになろう）と記した単純な文字が飾られ、チェを讃える歌を明るい声で歌いながら、天性の音楽性とリズム感で、伸び伸びと踊ってくれた。カストロの「思想の闘い」が「人間の悪性と崇高性を」認識した上で、時間と年月をかけて人間の尊厳と人類愛に目覚める努力をするという実践教育であることについて、最近（八月三一日付「思索」）のカストロのことばを紹介したい。

「私は、人間を憎まないが、人間が持って生まれた虚栄心、自己中心、傲慢、うぬぼれ、倫理観の欠如を憎む。われわれの心の底にひそむ多くの性向を克服しなければならない。これを実現できるのは、教育と秀れた自己改革を達成した人々の模範を学ぶことだけである。時の試練と天変地異の激流に耐えることのできる深い確信というものは、一日で獲得できるものではない。勇気と尊厳と断固たる決意を持って守り抜く正しい思想のみが最後の勝利者となるであろう」

最近のカストロは過去、現在、未来の革命の同志、数多くの「新しい人間」に対する「永遠の栄光」を語る。半世紀の間、死ぬことも許されぬ「十字架の犠牲」を「ヨブの忍耐」で生き抜き、闇の中の光の如く、人々に希望と人間への信頼を与え続けることのできる崇高な精神の源泉は、天地を創造した造物主の「栄光」に対するカストロのゆるぎなき信仰ではないだろうか。

第6章

キューバ革命五〇周年を迎えた フィデル・カストロ

復活したフィデル

【『ひとりから』43号、二〇〇九年一一月一八日】

「素顔のカストロ」と題した四年前のNHKラジオのインタビューの内容を『ひとりから』に紹介させていただきたい。「引退したフィデルについての、しかも古いインタビューをどうして?」と思われるかも知れないが、このインタビューはわかりやすい語りことばであり、誰もが抱く疑問や質問に応え、また、広島・長崎原爆体験や日本人の美点など日本との係わりにもふれていて、フィデルの理解に役立つのではないかと思った。同時に、キューバ革命五〇周年という重要な節目を迎えたこの時期に、キューバ革命の本質と毅然として存在するフィデルの意義を凝視し、考えていただきたいと思った。日本、アメリカなど世界中が、元首の地位を去り病床にあるフィデルの時代は終わったと錯覚しているが、フィデルはキューバでは「キューバ革命のリーダー」と呼ばれ、厳しい「思想の闘い」を続けており、連日のように党の機関紙に執筆している「思索」は、キューバの若者から老人に至るまで、また、チャベスを初めとするフィデルを敬愛する中南米諸国、さらに世界各国のリーダーが真剣に読んでおり、私も毎回ワクワクしながら読み、多くの知らなかったことを学んでいる。本年八月一三日、八三歳の誕生日を迎えたフィデルの崇高な精神は、四年前も、五〇年前も、現在も全く同じ強さで輝いており、永遠にキューバと世界の人々に希望と光を与え続けることを確信している。

1＊「素顔のカストロ」

〔二〇〇五年六月二二日NHKラジオ夕刊インタビュー〕
（私の発言は実際の生放送をそのまま『ひとりから』事務局の方にテープ起こししていただいたが、司会者の発言は、NHKが『ひとりから』掲載を諒承する唯一の条件として、「発言そのままでなく、質問の趣旨として記述していただきたい」というので、そのように改めた）

司会　今や伝説的な政治指導者となったキューバのカストロ議長をキューバ駐在日本大使として見守った元外交官がその素顔を一冊の本にまとめた。
今日はその本を書いた元キューバ大使の田中三郎さんにスタジオに来ていただいた。

田中　お招きいただきありがとうございます。

司会　まず、六三〇ページという非常に大部の本を書いた動機は何か？

田中　私のキューバ体験というのはわずか三年三か月なんですけれども、この間にカストロ議長とかなり頻繁に接する機会がありまして、カストロ議長の非常に高貴な精神と、そしてカストロ議長を支えますキューバの革命家達の献身ぶりに、非常に感動して、これをぜひ日本の方々にお伝えしたいと思ったのが、最大の契機です。

同時に日本やアメリカ、あるいは西側の世界では、カストロ議長があまりに偉大であるがために、理解されず、偏見と誤解に基づくカストロ議長の見方があり、私が見た真実のカストロ議長の姿とのギャップの大きさに驚き、ぜひこれを少しでも解消したいと、ある意味では使命感みたいなものを感じまして、それでは単なる伝記とかあるいはその歴史ではなくて、カストロ議長の思想、モラル、さらには信仰、そういうものをまとめてみたいと思ったわけです。一言で言いますと、私の見たカストロ議長というのは、正義と人間の尊厳というものを毅然として追及する、いわば正義の勇者ということが言えると思います。

司会　在任期間中、どのような出会いを通じてそのように感じたのか？

田中　私がいた時期というのは一九九六年から二〇〇〇年で、時期としては、キューバが比較的安定した時期だったんですね。革命四〇周年という節目を迎え、ソ連・東欧崩壊の非常に困難な時期を克服して、いわば上り坂を登りはじめて明るい時期だったわけです。その三年三か月の間に数十回お会いしたわけですけれども。

司会　数十回？

田中　まあ数十回ですけれども、私が見たカストロ議長の人間としての素顔ということを申し上げたいんですけれども、まず、やはり何よりもカストロ議長は政治的なリーダーですけれども、一番おどろいたのは、国民と一体となって危機を克服しようとする、その姿ですね。

一つだけ例を申し上げますと、一九九八年、私がいたとき、非常に大きなハリケーンの災害があったんですけれども、そのときのカストロ議長の対応ぶりというのは、例えば自ら地方へ出かけていって、人間だけではなくて家畜もみな避難させる。それから気象庁に出かけていって、国民に呼びかける。それから、真夜中には実は私がキューバの外務省に呼び出されて、日本の援助を要請するとかということで、実はこういう陣頭指揮ぶりというのは、昨年日本でも報じられました、ハリケーン・アイバンという非常に大型のハリケーン災害のときも同じでありました。で、この背景には、実はカストロ議長を支える国民の熱い思いがあるわけです。

ハイディ・サンタマリアという女性革命家がいますけれども、彼女が、「私が死んでも、自分が死んでもフィデルの中に生き続ける」そういう言葉を残しているわけです。もう一つ具体的に例を申しますと一九六二年に中南米の諸国からの傭兵がキューバに侵攻、侵略したことがあります。その時にキューバの兵隊も百数十名亡くなったんですけれども、その一人がその死にゆくとき、自らの血で壁にフィデルという文字を書いて死んでいきました。

つまりフィデル・カストロ議長という方はこういう何千何万ものキューバの革命家、あるいは、国民の生命というものを背負っているんですね。従って国民と一体となるというのは非常に自然な姿だということを感じました。

司会　一九五九年のキューバ革命で先頭に立って以来、指導者であるカストロの陣頭指揮は一貫したスタイルのようだが。

田中　そうですね。さっき言いましたように、国民がそれを支持するものですから非常に自然な形で行われるわけですね。

司会　田中さんが直接会ったカストロは、一般に言われているイメージと異なるようだが？

田中　非常に違いますね。人間的なレベルで一言申し上げれば、実際話していると非常にデリケートで女性のように優しい。一番私が驚くのは非常に謙虚な方なんですね。どうして謙虚かというとやはりもう早いときから、五〇年前から自分の命を捨てて革命というか国のために闘うという覚悟ができている人ですから、日本でいえば西郷隆盛さんが持っていたような無私の心を持った人、だからこそ、常に謙虚であるということが可能であったんだと思います。

司会　そのような徳はどこで身につけたのか。

田中　生まれつきの性格もありますし、実は、幼少の頃から高校までジェスイット系のカトリックの教育をうけているわけですね。それから生まれつきといいましたけれども、実はお母さんとか祖母、つまり女性の側からの倫理的な教育の効果というのが非常にあるようです。それプラス、話が少しあとで出てくるのかもしれませんけれども、ホセ・マルティという「キューバの使徒」といわれるカストロさんの思想的な先生ですね、その人の思想とキリスト教のカトリックの教え、そういうものが何十年にもわたってですね、カストロさんを少しずつ作り上げてきたということだと思います。

司会　子どものときから非常に反抗的な気性の激しい部分もあったようだが？

田中　そうですね、ただそれが国全体のレベルに達しますと、国民を虐げている当時のバティスタ政権という独裁政権を倒して、キューバの貧しい人たちのために本当に基本的な生きる権利、医療、教育を含めて基本的に生きる権利を確保しようという、そのために反抗するというそういう精神に発展していくわけですね。

司会　他のエピソードは？

田中　カストロさんの人柄ということで一つ美しい言葉を申し上げたいんですけれども、一九五八年、つまり革命戦争がそろそろ終わるという頃なんですけれども、わずか三百名くらいしかいなかった革命軍兵士、相手は二万人を越える政府軍の兵士ですけれども、その兵士達に対してですね、このNHKのスタジオとは比較にならないシェラマエストラという山の中の臨時に作った放送局からカストロ議長はメッセージを放送してるんですね。その中で、カストロ議長は「問題は武器の数ではない、君達の額に輝く星の数である」と。こういう美しい言葉を言っているわけです。星というのは言ってみればモラルであり、道徳であり思想ですね。カストロ議長はその思想で、そのモラルで、ずっと国民を指導し、自らも律してきたということだと思います。

司会　アメリカはカストロを、非常に冷酷な独裁者と決めつけ、さらにヨーロッパでは、人権問題といっている。しかしカストロは、革命体制を守ることこそ、国民のためになるという。

このものの考え方の違いが、アメリカ、ヨーロッパと間に摩擦を起こしている。カストロ独裁者という見方について田中さんはどう考えるか？

田中　これは非常に重要な正面からの問題提起ですけれども、そうではないということを少し順序だててお話したいんですけれど。まずカストロ議長が達成したキューバ革命というのは、実はよく考えられているように社会主義革命ではないんですね。言ってみればフランス革命と同じように圧政に抵抗するために、そして国民の人権、まさに人権です、尊厳を守るための革命であったわけです。その点ですね、キューバ革命に関する大きな誤解があるということがいえると思うわけです。

司会　抑圧からの解放ということか？

田中　解放ということですね。つまり言ってみれば人間の尊厳をふみにじる圧政、暴政、つまり独裁から国民を解放するというのが、カストロ議長が推進したキューバ革命です。したがっていわゆる、独裁ということとはもう正面から相反するということが言えると思うんですね。

そしてもう一つ、カストロ議長、あるいはキューバの人びとにとっては、いつまでも永久に革命を続けるということ。これについてこれはおそらくほとんど理解されていないんじゃないかと思うんですけれども。実は問題はこの革命という言葉、カストロ議長、あるいはキューバの方が考えている革命というのは、一九五九年に達成されたキューバ革命ではないんですね。ちょうど明治維新の年、一八六八年に第一次独立戦争というのが始まったわけです。つまりその年に始まったキューバの独立革命というものが今も続いているととらえているんです。

司会　今も続いている？

田中　この革命は、今から言えば約一四〇年前ですね、カストロ議長はそのただ一つの革命が、現在も未来にも永久に繋がっていると、そういう言い方をしているわけです。従っていわゆる社会主義革命、あるいはカストロ議長が独裁的にやっているというのは、私の理解するかぎり、まったく違うということがはっきり申し上げられるんじゃないかと思います。

司会　カストロ議長亡き後でも、革命は続くのか?

田中　ええそうです。それは私は、今日はあまりお話する時間はないと思いますけれども、副議長、日本にも来られたカルロス・ラヘとか、あるいはファン・アルメイダ副議長、その他中堅若手の方々が育っております。この人たちに接して感じるのは、今言ったようなキューバ革命、あるいはキューバを守り続ける精神において、ほとんど一〇〇%同じ、したがって明日指導者が変わっても間違いなくつづく。つまりこういうキューバの人々が持っている本当の意味での革命の強い精神という流れですね、これがつづくと。カストロ議長はあるときですね、そういう人民の精神の流れを大きなアマゾンの流れに喩えたことがありますけども、私はそのとおりだと思います。

司会　一般国民はそのカストロ議長に信服しているのか?

田中　実際には若い人は、いろいろ自由がないとか、あるいはもう少し生活が向上してほしいとか、そういう希望というか不満とか持っているようですね。それは当然だと思います。但し、キューバの人というのは意外とですね、非常に情報を持っております。すぐ近くのハイティとか中南米諸国、さらには遠くアフリカ、世界各国における多くの人びとの状況と比べてみると、自分達が、一〇〇％医療、教育、無料ですね、もう本当に生活が安定して、そして生存が保障されている。こういうことを一〇〇％理解していますから、不満はもちろん抱くでしょうけれど、基本的には今いったような考えということが、ほとんど一千万人のキューバの人たちが、抱いている考えではないかと思います。

司会　キューバの人々の表情の中に明るさがあるようだが。

田中　ええ、そうですね。カリブの国で、サルサといった歌とか踊りとかそういう伝統ですね。アフリカの血が一杯入っているんですね。そういうのもあります。

司会　カストロは、かつて日本人がもっていた倫理観、規律の正しさなどに関心があると言われているが？

田中　そうですね。私も一度ランチにカストロ議長に一人突然呼ばれたときに深刻な問題も話しましたけれども、時間の多くはカストロ議長が日本の歴史とか日本人の起源とかそういうものに対して非常に大きな関心、私は神風特攻隊のいわれなんかの話もしたんですけれど、関心をしめしたので驚いたんですけども。おっしゃるとおりです。私がいた時に日本人移住百周年というささやかな行事があったんですけども、日本人の移住者に接してカストロ議長は古きよき日本人の倫理観というものにかなり強い感銘を受けたようです。

特に竹内憲二という園芸家ですけれども、その人と親しくしていて、竹内さんが亡くなったときに追悼の言葉を書いておられまして、正確に申し上げますと「竹内さんは忍耐強く、感受性に富み勤勉で日本人の最善の美徳を有する人だ」と、こういう言い方をしているわけです。カストロさんの気持には日本人がいつまでもですね、こういう倫理的で道徳的な性質を失わないでほしい、持っていてほしいという気持ちが非常に強いと思いますね。

司会　日本訪問の際、広島も訪れたが。

田中　ええ、二回目の日本訪問の時、二〇〇三年三月ですね、私は多分カストロさんの最大の目的は広島訪問だったと思いますけれども、その時いろいろな事をおつしやってますけれども、私が一つ広島の関係で申し上げたいのはカストロさんの頭では広島と長崎の被爆体験、これが日本と言った場合ですね、一番生々しくあると。これはもう言うまでもなく、一九六二年一〇月、米ソの核戦争によって――。

司会　キューバ危機。

田中　ええ、キューバ危機ですね。まさに核戦争によるキューバ絶滅の危機に瀕したというそういう経験から、長崎、広島の原爆体験というものに共感を感じると思うんですけども。一番最近の革命四五周年のスピーチでもですね、ただ被爆体験というんじゃなくて、カストロ議長が非常に深刻に考えているその現代の文明と世界が直面している大きな危機の最大の象徴として、原爆というものを正面から捉えているんです。こういうスピーチはあまり紹介されたことがないと思いますけれども、それくらいカストロ議長は、広島、長崎の被爆体験というものに対する強い思いを持っておられると思います。

司会　田中さんがキューバにおられたころの、ペルーのリマで、日本大使公邸の人質事件があった。

田中　ええ。

司会　そのころ私もリマにいて、ある段階でカストロ議長が占拠しているグループのキューバへの受入れを表明するということで、ホッとした記憶がある。ペルーの人質事件のときのカストロ議長の役割は何か。

田中　カストロ議長は、私もそうですけれども、日本人の方々が全員無事だったのはいい、しかし武力解決によってゲリラの方々、それから一人二人、兵士とか人質の方が亡くなった、ということは非常に残念であるとカストロ議長も言っています。そういうことを防ぐためにその犯人グループを引き受けて平和的に解決しようと、フジモリ大統領を信じて努めたにもかかわらずそれが実現しなかったというのが非常に残念だったと思いますけれども、あの事件当時、私はずっと数ヶ月カストロ議長と話しをしたり接したりしてその時の非常に真剣な、カストロ議長の努力と苦悩を知っているだけに、いまだに、残念に思っております。

司会　カストロは、占拠した人たちをテロリストと言わないでゲリラという。

田中　ゲリラです。

司会　ものの考え方が全然違う?

田中　実際あの人たちはテロリストではありません。

司会　「素顔のカストロ」と題して、元キューバ大使の田中三郎さんに伺いました。

〔インタビューへの補足〕

このインタビューはわずか十数分という限られた時間なので、質問に対する答えは全てが、特に、時間切れ間近に質問されたペルー人質事件について、ことば足らずとなっている。特に重要と思われる問題について簡潔に補足させていただきたい。

2＊「キューバ革命」の本質は何か

一九九六年、キューバ革命について何の先入観も、十分な知識もなく、ハバナに赴任した私は、すぐに意見交換したキューバ駐在のフランス大使の、「キューバ革命は、ソ連型の社会主義革命というより、圧制に抵抗して人民の権利を守るという理念を遂行したという点で、フランス革命と同質である」という見解に新鮮な思いを抱いた。この思いは、赴任直後に発生した在ペルー日本大使公邸人質事件（後述する）など、具体的な問題の処理のため度々接触することになったフィデルとキューバの指導者、そして一般の人々との出会いを通じて私の確信となつた。

フィデルが小中学教育を受けたサンティアゴ・デ・クーバは、古くより、ハバナ以上に革新・革命の情熱の伝統が強く、アメリカ、ソ連などよりフランス文化の香りの強い土地であった。

一九五三年七月二六日、キューバ革命の発端となったモンカダ兵営武力襲撃に失敗して監獄に収容されたフィデルは、獄中の猛烈な読書の中で、マルクスの「ルイ・ボナパルトのブリューメル一八日」「フランスにおける内戦」の他に、ビクトル・ユーゴの「レ・ミゼラブル」を読み、特に、『レ・ミゼラブル』はすばらしく興味深く、読み終えるのが勿体ないので、毎晩一時間ずつ読むことにしている」と記している。フィデルは若きゲリラ戦士の時代から、フランス革命（そしてアメリカ独立をも！）支えた崇高な理念と精神に深い共感を抱いている。

武力攻撃に失敗して裁判にかけられたフィデルは、自らの弁護陳述を行い（フィデルは一九五〇年ハバナ大学を卒業して弁護士となっていた）、その歴史的な弁論は「歴史は私に無罪を宣告するであろう」という本にまとめられ地下出版され、キューバ革命のバイブルとなったが、その中で、フィデルは圧政に対する反乱の権利と関連させて、フランス革命に対する共感の想いを次のように述べている。

「一七世紀イギリスのピューリタン革命の思想的基盤となったジョン・ミルトン、ジョン・ロックなどの自由主義政治哲学がフランス革命（そしてアメリカ革命）の基礎となり、キューバの政治的理想を育て、一九四〇年憲法第四〇条に定められた圧政と不正に抵抗するための反乱の権利は民族としてのキューバの存在の根元そのものにある。フランス人権宣言は次のように主張している。『政府が人民の権利を侵害する時は、反乱は人民にとって最も神聖な権利であり、最も不可欠な義務である』」

重要なことは、フィデルが共鳴しているのはフランス革命の理想と精神であり、具体的には、社会正義と人間の尊厳を追求する生きた精神である。フィデルの類稀なる心の純粋さは、精神が死して制度と化す現実を常に凝視している。

フランス革命がナポレオンによる他国の征服と支配に変貌した歴史について、「ナポレオンがシーザーを模倣し、フランスがローマ帝国になりつつある時、ハイティの土地にスパルタクスの魂が甦り、黒人奴隷が革命を起こし、ナポレオンの将軍達を破って自由な共和国を樹立した歴史のエピソードほどに私を感動させるものはない」と記している。フィデルの冷静な見方は、フランス革命と同じ理想に基いて建国されたアメリカについても同様である。「アメリカ国民は一定の教育的、文化的倫理的価値観を持っており、本質的には高潔な国民である」と述べる。

フィデルは「ローマ帝国、大英帝国より遥かに巨大な超大国による新しい帝国主義国家」となったアメリカをあらゆる機会に厳しく批判し続ける義の勇者である。更に、フランスなど西欧（そして日本）とキューバは歴史的背景（条件）の相異がある。西欧社会では、古代、中世封建制、絶対王制、資本主義という発展の中で、革命が生じたが、キューバ（そしてほとんどの中南米諸国）においては、そのような直線的な歴史と異なり、スペインの植民地支配からの独立戦争そして現在も続くアメリカとの闘争の中から、キューバ革命、社会主義体制が生まれた。

ソ連・東欧の社会主義とキューバ革命との比較は、より複雑な問題であるが、ソ連・東欧崩壊は「精神死して制度と化す」の典型的な例である。フィデルは次のように要約している。

「ソ連・東欧崩壊の根本的原因は、虚偽と欺きの恐るべき悪の力に対し革新勢力が打ち勝つことができなかったからである。国内における狭量教条主義が進みすぎ、思想が宗教と官僚機構に転身してしまい、これらの諸国における歴史を後退させてしまった。完成すべきものが、破壊されてしまった」。これに対し、キューバ革命は、本来「社会主義」革命ではなく、社会正義と人間の尊厳というヒューマニズムを理念とするモラル革命、民族解放革命であり、その根本理念に基いて現実的な「より効率的で完全な社会主義」建設を目標としている。例えば、フィデルは革命直後アメリカ資本が支配していたキューバの基幹産業を国有化したが、同時に農業改革（一九五九年）により、大土地所有制を根本的に改め、多くの農民の土地私有を創り出した。

これは、前述した裁判弁論の中で「一〇万の小農は悲しみをもって土地を眺め、自分のものでない土地で働き、死んでいく。二〇万の農民は、飢えに泣く子供達に食べ物を与えることのできる土地ももたない」と訴えたフィデルのヒューマニズムに基くものである。最近では、（二〇〇二年）・ブッシュのキューバ非難に対して次のとおり反論している。「キューバでは、社会主義革命によって何世紀にもわたる資本主義が生み出したより多くの私有財産が生まれた。今日、数十万の農民が土地を所有し、何百万の都市の人々は自らの家の所有者である。重要なことは、革命が国民を自分の国の所有者に変えたことだ」。

3＊「キューバの使徒」ホセ・マルティ

ここで、フィデルの思想的師であり、「キューバの使徒」と呼ばれるホセ・マルティに登場してもらおう。

イギリスの自由主義思想、フランス革命の理念はキューバにおけるスペインの植民地支配に対する反乱を開始させ、一八六八年一〇月一〇日、フィデル同様弁護士であったセスペデスが、奴隷制に反抗し、自ら奴隷解放を実行し、「一〇年戦争」と呼ばれる民族独立闘争が開始された。この「一〇年戦争」の敗北経験を参考に新たな革命戦略と準備を進め、「一八九五年戦争」（第二次独立戦争）を開始したのがホセ・マルティである。この独立戦争の成果がアメリカに横取りされ、キューバがアメリカという新たな大国の支配下に置かれたことが、フィデルの「キューバ革命」という民族独立革命を引き起し、社会主義革命に発展した。フィデルは、一〇〇年以上に及ぶキューバ革命が独立と正義を追及するキューバ国民の強大な愛国心のダイナミズムによって推進されていることを確信して次のとおり述べている。

「キューバには革命は、ただ一つしかなく、それはセスペデスが開始し、われわれが前進させている同じ革命である。セスペデスはキューバ人の尊厳と反抗精神を象徴する人間であり、当時（一八六八年）のキューバにおいても奴隷制廃止を決断することは極めて急進的、革命的であった」

ホセ・マルティは、このように永遠に続くキューバ革命にとって巨大な存在である。一八九五年、亡命先のアメリカからキューバに上陸して第二次独立戦争を開始したホセ．マルティは、わずか四か月後、白馬にまたがりスペイン軍兵士の銃弾を浴び四二歳の犠牲的な生涯を閉じた。

革命家というより思想家、詩人であったホセ・マルティの革命思想はフィデルの血となり肉となって生きている。

前述したモンカダ襲撃の裁判で「事件の首謀者は誰か？」と尋ねられたフィデルはごく自然に「ホセ・マルティである」と答えている。ホセ・マルティの思想は、民族主義革命、マルクス・レーニン主義の反帝国主義、キリスト教思想などキューバ革命の源泉となるあらゆる思想を含んで、キューバ社会全体を包み込んでいる。

フィデルは、「ホセ・マルテイはキューバ人に尊厳、品格、愛国心、自主独立の精神を与えてくれた。ホセ・マルティが死んで、一粒の種がまかれ巨大な大樹となって日々成長している」と述べている。このことばはそのままフィデルに該当する。そしてセスペデス、ホセ・マルティ、フィデル・カストロに代表されるキューバの人々の毅《つよ》い革命精神が、今後とも「キューバ革命」を継続させていくであろう。

4＊在ペルー日本大使公邸人質事件

ホセ・マルティの「人類がわれわれの祖国」との思想を文字通り実践しているフィデルの心の純粋さに私が深く感銘を受けたのが、在ペルー日本大使公邸人質事件におけるフィデルの対応ぶりであった。当時、日本の最大の政治外交問題であったこの事件の概要は私の『フィデル・カストロ』第一章に記してあるので、省略させていただく。

人質事件を起こしたペルーのゲリラグループ、MRTA（トゥパク・アマル革命運動）に対するフィデルの深い共感とヒューマニズムは私を驚かせた。フィデルは、ペルー社会の平等・公正実現のために闘争するこれらの人々をコマンド（テロリストでもゲリラでも、日本のマスコミが報じた犯人グループでもなく）と呼び、私との深夜の会談においても「人質をとるというやり方は賛成できないがコマンドの人達は人質を殺害するような狂信的な人々でなく、目的は服役している仲間の釈放など政治的なものに限られている」と明快に述べていた。長年にわたり中南米各国の民族解放運動に対し、「人類が祖国」との思想に基き連帯精神と支援の手を差し延べていたフィデルは、このMRTAコマンドを人道的見地からキューバに受け入れることにより平和的解決を実現するために必死の努力を続けた。しかし、平和的解決を絶対に許容しないという決意を変えないフジモリは、フィデルを裏切り、国際的約束を破って武力行使を強行し、コマンド一四名を含む一七名の犠牲者を出したことに対するフィデルの苦悶は深い。

「人命が失われたのは本当に残念だ」と私に述べたフィデルは子の死をいたむ親の姿のようであった。フィデルの同情と連帯の思いは正義と革命のために闘争したコマンドの運命にとどまらず、貧国と差別に苦しむペルー人の運命、また、MRTA運動の起源となった一八世紀の民族革命指導書、トゥパク・アマルの悲劇的生涯、更には中南米そして世界各国の民族解放闘争にまで広がっており、その思いの深さと鮮烈さは世の人々の想像を絶するものである。

5 ＊「私達の全てを必要なら、私達の影を与えなければならない」

『ひとりから』41号で「編集室ふたりから」の「広い共感の輪、深い共感の絆に勝る革命の武器はありません」という美しいことばに出会ってハッとした。連帯と共感（同情）こそキューバ革命の宝物であることを証明するような本年メーデー（五月一日）のフィデルの「思索」は最近私が最も感動した文章なので要約して紹介させていただきたい。

フィデルは十年以上も前、私がすぐ側で見たように、革命広場で、直立不動で整然と行進するキューバの人々の姿を見守ることはできないが、病床からテレビで見たメーデーの模様を次のように記す。「数千の大学生が掲げる白、赤、青のキューバの国旗。整然と行進する数多くの中高生、労働者そして子供達。彼等は、誰も消し去ることのできないともしびを掲げていることを自覚している。革命広場に繰り返し、放送されたのは、Fayad Jamisという名の詩人による『私達は、私達の全てを与えなければならない』という次のような詩である。

雨にうたれながら歌うこの自由のために
私達は私達の全てを与えなければならない
夜明けに工場に花咲くひまわりの自由のために
大地を歩む子供と照明に輝く学校のために
しっかり連帯と共感の絆に結ばれるこの自由のために
私達は私達の全てを与えなければならない
自由を歌う激しい音楽なくして詩は生まれない
抑圧者の暗闇と世界の不屈の人々にとっての
明白な夜明けのために
命そのもののように美しいこの自由のために
私達は私達の全てを与えなければならない

もし必要ならば私達の影をも与えなければならない
しかし、それでも決して十分とはいえない」

フィデルはこの「思索」の中で、メーデーに参加した各国賓客の中で、特に本年、サンディニスタ革命三〇周年を迎えたニカラグアの Miguel d'Escoto 外務大臣の次のようなあいさつのことばを紹介している。なお国連総会議長でもあるこのニカラグア外務大臣は本年八月六日、九日の広島、長崎原爆六四周年式典に参列した。

「利己主義、貪欲、社会的無責任を促進する資本主義文化が世界秩序を支配し、様々の危機をもたらしている。われわれ自身も宗教的、倫理的、哲学的な伝統を裏切ってしまい、母なる大地の敵となり人間性を喪失してしまった。しかしキューバは常に精神的な慰めを与えてくれた。キューバでは、愛が利己主義より強く、影響力を発揮することが証明されている。キューバにおいてこそ、連帯が、利己主義によって滅亡の危機に瀕した人類を救済することのできる精神であることを学ぶことができる」

この「思索」はフィデルに面会した d'Escoto 外務大臣が「キューバを国際連帯の模範と認める」国連総会議長署名の証書とゴールドメダルを手交したことを記して、再び詩の最後を引用して終わっている。

「私達は私達の全てを与えなければならない。もし必要ならば私達の影をも与えなければならない。
しかし、それでも決して十分とはいえない」

第7章

日本が育て、持つべきはモラル・ミサイル

――核問題の随想

ヒロン湾のフィデル

【『ひとりから』44号、二〇一〇年一月一九日】

『ひとりから』43号（二〇〇九年一一月）のエッセイ「対等なまなざし」における、北朝鮮の核問題に関する真剣な問題提起を読ませたいただき、私も一日本人として素朴な感想を記して見たいと思った。しかし、色々考えているうちに、核・北鮮問題に関する洪水の如くあふれる文献を全く読んだこともなく、特別な情報に接する機会のない私にはこの問題を体系的に論ずる資格もなく、その気持ちもないことに気付いた。むしろ、この問題の核心である広島・長崎の被爆体験、核廃絶の決意を述べたオバマ演説、オバマのノーベル平和賞受賞などについてのフィデル・カストロの対応ぶり、最近の「思索」の内容を紹介することが私の役割であり、意義があるのではないかと思った。以下の随想は、スケッチ素描にすぎない。

最初に私の感想をまとめて記すと次のようになる。

日本、世界が核問題を考えるにあたり、原点である広島・長崎の被爆体験を凝視することが不可欠である。日本の被爆関係者と心ある人々の長年の思いを、リアルな想像力で理解し、共感を示しているのが、キューバとフィデル・カストロである。一九六二年の「キューバ・ミサイル危機」で核戦争による国家と国民の絶滅を覚悟したキューバとフィデルは半世紀にわたり、巨大な核大国アメリカに対峙し、年々、存在感を増している。キューバの理念（人間の尊厳と社会正義）と国民の連帯（全世界に広がっている）というモラルの力はアメリカの核を無力化している。北朝鮮は、正統な社会主義国家であるならば、キューバに学び直ちに核を廃棄し、軍事力にのみ頼る独裁体制を改めれば、その存続と発展の可能性が残されよう。日本はキューバの教訓をよく学び、「アメリカの核の傘」という幻想を放棄し、平和憲法を存続させている国民の熱い平和の思いを人間の尊厳と社会正義に基礎を置いたモラルの力に発展させることにより、「北鮮の核の脅威」を無力化させ、世界の核廃絶のリーダーシップをとるべき唯一の国である。キューバとフィデルは、この試みに全面的なモラル・サポートを与えてくれるであろう。

1 ✱ 広島・長崎の被爆体験

金住さんの『鬼に勝つ』を読ませていただき、やはり一番心に訴えるのは、金住さん一家の広島被爆体験の重みである。父と弟を原爆で亡くされた金住さんの母は長い間、原爆について沈黙を続けてきたが、ある時（金住さんが小学生の頃）「原爆が投下されたあと町を歩いていたら、みんな焼けただれていて、水をください、水をください、と言っていたのよ」とだけ言い、それっきり、二度と原爆の悲惨さについて語ろうとはしなかったと記されている。阿鼻叫喚の地獄の中で、自分が生き延びるために、死にゆく人を振り切らざるを得なかった自責の念。これは、広島、長崎の被爆者全てが共有する深刻な体験であり、沖縄戦争での一般市民の被害者、あるいは私の生家も焼失した終戦直前（一九四五年四月）の東京大空襲など想像を絶する巨大な戦争の被害者の体験でもある。

この被爆体験を鋭敏な想像力で理解し、共感を寄せているのが、フィデルとキューバの人々である。ちょうど五十年前、一九五九年秋、革命直後の激動の時期に、多忙のフィデルの代理として日本を訪問したチェ・ゲバラ（いうまでもなくアルゼンティン人であるが、心はキューバ人）は、万難を排して広島を訪問している。私がハバナに赴任して直後の一九九六年一二月七日、私が主催したほとんど最初ともいうべき重要な公務となった日本の国祭日（ナショナル・デイ）レセプション（長年、公的には天皇誕生日レセプションと呼ばれている）にフィデルの代理として出席してくれた実兄のラモン・カストロは、フィデルとそっくりの容貌を厳しくさせ、「日本に原爆を投下したアメリカに対して、キューバと一緒に闘おうではないか」と私に訴えていた。このレセプション開催中、同じ時間に、ペルーの日本大使館公邸での人質事件が発生し、その平和的解決のため全力を尽すフィデル（詳しくは『ひとりから』43号に記した）を助けた当時のロバイナ外相が、その後一九九九年二月、日本を訪問したが、多忙な日程をやりくりして広島を訪問した時の強い印象と感動を、キューバに帰国したロバイナ外相から直接聞かされた私は、広島・長崎の被爆体験に寄せるキューバの人々の真摯な共感・連帯の想いに感動した。

フィデルは、一九九五年の初めての訪日の際には、広島訪問の時間的余裕が与えられなかったが、二〇〇三年三月初めに訪日した時には、東京での公式行事（首脳会談）を早々とすませ、直ちに広島に飛んだ。その前夜、駐日キューバ大使公邸に深夜フィデルから電話があり、フィデルは翌朝訪れる原爆記念碑に献げる献花に記すべき「ことば」の内容について指示を与えたという話をキューバ大使から直接聞いた私は、フィデルの真剣さ、思いの深さに敬意を抱いた。原爆資料館長は、「これまで数多くの首脳を案内したが、フィデル・カストロ程、熱心にまた真剣に心を傾けた人はいない」と語っている。

原爆資料館の来訪者ノートに「このような野蛮な行為は絶対に許すことはできない」としっかり書き記したフィデルは、広島の人々に対するスピーチの中で、広島訪問の感動を簡潔に述べると共に、キューバ危機の深刻な体験にふれて、次のように述べている。

「われわれは、地球上から消滅してしまうのではないかと思った瞬間もありました。しかし、人間の精神に勝るものはありません。あの日々、わが国は強い愛国心と正義への愛に満ち、どんな些細な恐れさえも見せる人は誰もいませんでした。人間は常に死そのものよりも強いものですし、これからもそうでしょう」

この簡潔なフィデルのことばに秘められているフィデルとキューバの人々の精神力、モラルの力はアメリカの巨大な核の脅威に勝るものである。

フィデルは広島からハバナに直行したが、古く、騒音がものすごい旧ソ連製の飛行機の中で自ら筆をとって帰国直後の国会演説を書き上げたが、広島訪問については、「広島の市民に行われたジェノサイドに対しわれわれが受けた深い衝撃を表現するためには、いかに多くの言葉と時間を使っても足りない」と記し、その後、様々な機会をとらえて、被爆体験に対する深い共感と同情の思いを述べている。

三月六日のキューバ国会開会式において、フィデルは「広島で思ったことは、いかなる想像力をも超える」と述べると共に次のように語っている。

「原爆投下は全く必要性のないものであった。モラル上も決して正当化できない。日本は軍事的に既に敗北していた。米国はそれ以上に米国人の生命を失うことなしに戦争を数日で終了することができた。罪のない子ども、女性、老人、すべての市民に対するあの恐ろしい殺戮は絶対に弁護することはできない」

アメリカの原爆投下を様々な理由、口実で弁護する人は、アメリカはいうまでもなく、世界各地、そして日本人にも（!）いる。私も外国に滞在すると、そのような宣伝フィルムや解説に接し怒りを感じることが度々ある。沈黙を守るが如き日本政府に代って、正義の観点から正面から厳しい批判を続けているのがフィデルである。二〇〇七年九月一八日の「思索」では「原爆投下は老人、女性、子どもに対する完全なテロ行為であり、数十万の死者そして多大の人々の放射線による原爆症をひき起こした恐ろしい、野蛮なジェノサイドであり、絶対に許すことはできない」と記し、本年（二〇〇九年）九月二日の「思索」でも、国際テロリズムとの闘いのためというアメリカのイラク、アフガニスタン侵攻を関連させ、「（正しい）目的は（あらゆる）手段を正当化するものではない」と断言し、「アメリカ兵の犠牲を避けるための原爆投下」を正当化させるような誤った思想と闘うのが、人類の責務ではないのかと訴えている。

広島を訪れたフィデルは、「原爆資料館で、人類に対する最も甚大な犯罪の一つを記憶するための慎ましくはあるが、不滅の慰霊碑にチェ・ゲバラが献花をしている写真を見て感動した。広島で起こったことを人類が真に知るために何百万人の人々が広島（長崎）を訪れるべきだと思う」と記している。

原爆投下に「道義的責任を感じる」オバマ大統領は、一一月一四日広島、長崎を訪れることもなく、風のように日本を去っていった。数多くの被爆者、被爆関係者一人一人の日々繰り返されていく苦悩と受難の経験に基礎を置く人間の尊厳の重さに深い想いを寄せているのがフィデル（そしてキューバの人々）である。

2＊核・ミサイルでなく、モラル・ミサイルを

世界の歴史上、唯一の被爆経験が広島・長崎であれば、人類の歴史上、唯一度、国家と国民の核戦争による絶滅の危機に直面させられたのがキューバとフィデルである。チェ・ゲバラが「輝かしく、また悲愴な日々」とフィデル宛の別れの手紙の中で記した一九六二年十月のキューバ・ミサイル危機については数多くの文献があるが、キューバとフィデルの存在、役割を軽視、無視する解釈が支配的である。フルシチョフが、フィデルの支持の下、秘かに核ミサイルをキューバに配備した戦略的挑戦を、ケネディが海上封鎖という比較的抑制された形の対決姿勢をとることにより、核ミサイルを撤去させたという米・ソ冷戦構図による解釈は、米ソの超大国間に繰り広げられた激しい外交取引に全く関与することも許されなかったキューバ国民の無力感を忘れ去っている。核戦争による国家と国民の滅亡の危機に直面させられた悲愴感の重荷を一身に背負ったフィデルの想いは広島での演説におけるフィデルの静かなことばに現れている。

ちょうど五〇年前の一九五九年に樹立されたキューバ革命政権の孤立化、崩壊を図るアメリカは、様々の破壊工作、テロ行為を実行し、一九六一年四月、ＣＩＡにより訓練された中南米諸国の傭兵約一五〇〇名の侵攻軍がキューバのヒロン湾に上陸したが、フィデルとキューバ国民の不屈の精神と勇

敢な反撃により、侵攻軍、アメリカは決定的に敗北した。大なる敗北感と屈辱感を味わわされたケネディとアメリカはキューバ敵視政策をを強化し、新たな軍事攻撃の可能性が高まるのは必然であった。フィデルは、アメリカの武力攻撃に対抗するためには、キューバ軍とソ連からの通常兵器で十分であると判断したが、米ソの核バランスを有利にするため核ミサイルをキューバに配備することを思いついたフルシチョフとキューバにとって唯一の援助国ソ連との協力・連帯関係維持のため、危険であり不必要であると判断される核ミサイル配備を受け入れざるを得なかった。

一九六二年一〇月二二日、ケネディがソ連船のミサイル運搬阻止のための海上封鎖を発表すると、フィデルの指示により、キューバ国民は総動員命令の下、戦闘体制に入った。翌二三日夜、フィデルは、ラジオ、テレビを通じて次のように述べた。

「問題とされているミサイルそのものは攻撃的なものではない。攻撃的か防御的かは武器の種類ではなく、どのように使用されるかによる。キューバはいまだかつて、ただの一度もアメリカを脅かしたことはない。キューバは主権国家であり、自由に撰ぶ武器で自らを防御する権利を有している、キューバの主権を奪うためには、アメリカはわれわれ全員を地球上から抹殺する覚悟が必要である」

このフィデルの演説を聞き終えたキューバ国民の多くが、深夜人通りの絶えていた街頭に飛び出し、かがり火を燃やし、国歌を歌う姿が国中にあふれた。しかしキューバを除外してアメリカと秘密裏に交渉したフルシチョフは一〇月二八日、ミサイル、核弾頭のキューバからの撤去を発表した。外国通信社の報道によって初めてこの事実を知ったフィデルは、同日付のフルシチョフ宛書簡において大きないきどおりの感情を押え、フィデルと極限の時間を共有した人々の精神を生々しく次のように記している。

「崇高な尊厳さをもって死を覚悟した多くのキューバ国民と深い連帯精神に結ばれたソ連兵士は突然、ほとんど無条件でのミサイル撤去の決意を知って涙を流しました。キューバ国民が、どのような覚悟を持って、祖国と人類に対する義務を果たそうとしていたか、同志フルシチョフには理解できないことかも知れません。われわれは、核戦争になれば完全に抹殺されることを十分理解していました。このような恐るべき危機に直面し、国民が一致した義務感に基いて闘い、死ぬ覚悟をしたということは、人類の歴史において極めて稀有というより、全く初めてのことではないでしょうか。今、多くのキューバ人は言葉に尽くせない苦汁と悲嘆の想いを経験しています」

このようにフルシチョフに語ったフィデルは、一一月一日、次のように国民に語りかけた。

「この危機において示された国民の態度、確固たる決意、勇気、規律は本当にすばらしく、このような国民を持つ国は不滅であり、尊厳と名誉と威信を与えられる資格を有していると思う。われわれは、決して撤去されることのない長距離のモラル・ミサイルを保有している。私は、キューバ国民に対する尊敬の気持を表明し、これまで以上に、このキューバの国に生まれたことを誇りに思っている」

日本が育て持つべきものは、このようなモラル・ミサイルではないだろうか? そのことこそ、敗戦の苦しみの中で、国民の総意を象徴する平和憲法を成立させた精神だと思う。日本社会と政治の昏迷と退廃の原因は、国際的な政治、経済の困難、混乱というより、この精神の欠如であり年月をかけても精神革命を実現することによってのみ、北朝鮮（あるいは中国）の核の脅威を無力化させ、アメリカの核・軍事力の傘から自立することができることを、フィデルと半世紀に及ぶキューバの教訓が物語っている。

本題の「核」から少しそれるが、精神革命について私の想いを一言記させていただきたい。核・軍事力の幻想から解放され、平和憲法にふさわしい平和と正義を愛する日本国民の精神革命は、明治維新あるいは「平成維新」（？）などの魂を変えない制度上の改革によって実現することはない。イギリスのピューリタン革命、フランス革命の源泉となった自由主義思想、合理主義的な啓蒙思想、更には、マルクス主義やキリスト教社会主義思想など近代の革新・革命思想から学ぶことも多いが、キリスト教、仏教、イスラム教など特定の宗教、哲学にしばられない人間として普遍的な真理を身につけた自律ある精神の人々、それが私の願う日本人の理想像である。フィデルやキューバの人々に接すると、そのような理想の実現は決して不可能ではないという希望が与えられる。フィデルが語る「尊厳」「社会正義」などの普遍的な真理はフィデルの善良で誠実な人柄、無私の心に支えられた極めてリアルで力強い存在である。日本にも精神革命のともしびとなる秀でた先達は皆無ではない。宮本武蔵は『五輪書』の「空の巻」で、「心意《しんい》二つの心をみがき、観見《かんけん》二つの眼をとぎ、少しもくもりなく、まよひの雲の晴れたる所こそ、実《まこと》の空としるべし」と記し、最後に、「空は善ありて悪なし、智あり、利あり、道あり、心は空なり」と記している。時と空間を超え武蔵と共通するフィデルの精神は、無私の心で摂理・天と一体となり、無心であるが故に正義、尊厳、善、愛など豊かな実りに恵まれた平安の人として、世界の無限の悲惨を視野に入れ、その重荷を背負って真の意味での平和の闘い、精神革命を導くことができる人だと思う。

3＊核の絶対否定（オバマのプラハ演説、ノーベル平和賞、日本訪問）

ミサイル危機の苦悩と広島訪問の衝撃を経験したフィデルの核絶対否定の想いは深い。二〇〇四年一月三日にキューバ革命四五周年でのフィデルの演説は現代文明の危機、世界の「犠牲」の象徴として広島・長崎の被爆体験を正面からとらえると共に、核の悪について次のとおり語っている。

「ほぼ六〇年前、広島の上空で最初の核兵器が爆発した瞬間、科学技術はこの地球上の人間の生命を破滅させることのできる道具を創造したことが明らかになった。現在、人類はその存在そのものを脅かす核兵器のくもの巣の真っ只中で生存している。この地球という惑星に生きる数十億の人間の生命がほんの少数の人間が考え、信じ、決定することに依存している。われわれは、われわれ全てを人質にするこのような愚かで、前代未聞の状況を変革し、終止符を打つ権利を有している」

フィデルは、核絶対否定論を本年（二〇〇九年）九月二一日付「思索」でも明確に述べている。この「思索」は世界のいかなるリーダーも十分認識していなかった頃、地球環境問題についての初めての国際会議（リオ・デ・ジャネイロ）においてフィデルが「絶滅の危機に瀕している種がある。それは人類である」と予告した事実を述べると共に、「約三〇億年前の地球上の生命の誕生の歴史と比較すると、人間（ホモ・サピエンス）の歴史は約一五万年にすぎない」と指摘し、近代における最も重要な科学的発見としてダーウィンの進化論とアインシュタインの相対性理論を挙げている。しかし、進化論については、「宗教的信条と矛盾するのでなく、進化は、摂理の表現である」との肯定的見方を示すのとは対照的に、アインシュタインについては、次のように厳しく批判している。

「アインシュタインは、ナチスが開発を進める前にアメリカが原爆を製造するようルーズヴェルトを説得してしまった。広島と長崎の全く無防備の市民に対してトルーマンが原爆を投下した後、その事実の恐るべき衝撃により、アインシュタインは平和主義者に転向したが、アメリカが現在保有する数千の核兵器は全世界の人口を数回でも殺害できる威力を持ち、アメリカは世界最大の武器の主要輸出国となっている」

ここまで記したところに、オバマ大統領が来日した（一一月一三日）。明春、日米安保条約改訂から五〇年となるこの時期のアメリカ大統領の訪日には私としてもある種の感慨がある。

一九六〇年四月東京の大学に入学した私は、平和外交により国際平和の確保に貢献したいという平和思想を抱いていたこともあり、連日安保闘争に加わり、国会その他へのデモ行進に参加し、機動隊とにらみ合う日々が続いた。国民の一致した抗議の波は、フィリピンまで来ていたアイゼンハワーの訪日を中止させた。そして、ケネディの登場。若々しく、理想に燃えたケネディの就任演説に熱い思いを抱いたのもつかの間、暗殺の衝撃も大きかった。多くの日本の人々と同様に私も、アイゼンハワーが革命キューバの孤立化、崩壊を試み、ケネディもキューバ侵攻を実行したこと（一九六一年）には無知であった。それから半世紀後、ケネディに類比されるような若さと理念を持つ初の黒人大統領に選出されたオバマに私も期待を抱いたし、今も希望を持ち続けたいとは思う。フィデルと真正の社会主義国キューバが誇りとする国民医療保険制度に近づこうとするが如き、オバマの医療制度改革の真剣な試みはフィデルも評価しており、私も、その成功を祈っている。それだけに、野党、共和党の卑劣な改革反対キャンペーンに策動されて動揺するアメリカ国民やマスコミの対応は、オバマに対する私の同情の想いを強める。

フィデルも早くも本年八月二九日付「思索」において、オバマの支持率低下とアメリカ社会の人種差別、極右勢力の増大を具体的に指摘し、ブッシュからイラク、アフガニスタンなど巨大な負の遺産を継承したオバマが、反対勢力の執拗な策略によって無力化されることに対する深刻な懸念を表明している。

しかしながら、客観的に、特にアメリカに憎まれ、敵視されているキューバの立場から冷静に観察すると、オバマの理念と現実の対応、「二つのオバマ」（チャベスのことば）の矛盾に失望せざるを得ない局面が多く見られる。フィデルの「思索」の多くも当然ながら、オバマ政権についての真剣な思索に費やされている。その詳細を紹介する余裕はないので、核・軍事力問題、資本主義体制のあり方など根本的な問題に限って私の随想と共に、簡潔に記したい。

まず、日本で大きく報道され、高く評価されたオバマのプラハ演説（本年四月）である。フィデルはプラハ演説を紹介しているが、「核廃絶」の理想を述べたことについてはほとんど評価していない。オバマが述べた「道義的責任」は核軍縮、核廃絶の努力をするという核保有国として当然の責任であり、広島・長崎への原爆投下に対する「道義的責任」を深く感じているとは思えない。今夜（一一月一四日）東京での記者会見でも、「広島・長崎訪問の機会が与えられることがあればそれは光栄であり、有意義だと思う」と答え、自ら訪問して道義的責任を果たそうという自分の意思の表明ではなく、その姿勢は全く感じられない。フィデルの二〇〇三年三月の日本訪問の際には、フィデルは公務のため東京に二泊したが、広島に一泊して、一人の人間として広島の巨大な悲惨に深い思いを寄せている。「核廃絶」とは核の絶対否定であり、単なる理念でなく、実行する意思を確立し深めるためにはオバマ（そしてあらゆるリーダー）の広島・長崎訪問は不可欠であると思う。

プラハで「核廃絶」の理想を語ったオバマはその後、いとも簡単に「私が生きている間には実現しないであろう」と述べ、今夜の記者会見でも「遠い将来の課題である」と逃げている。

なお、この時、オバマは「原爆が投下された日本は核問題について特別の感情を有している」ことに理解を示すと述べているが、プラハで「核兵器を使用した唯一の核保有国」ということばを使ったのであれば、どうして、アメリカが広島・長崎に原爆を投下した道義的責任を自らの道義的な態度として明言しなかったのか、改めて大きな失望感を抱かざるを得なかった。

もし、オバマに誠意があるなら、核戦争による国家と国民の絶滅の危機を経験し、広島・長崎の悲惨が象徴する世界の巨大な重荷を背負うフィデルから少しでも学んで欲しい。核の絶対否定から出発しない「核廃絶」理念は決して具体的な進展をもたらすことはない。オバマがプラハ演説後、ロシアとの間で戦略的核兵器削減交渉を開始したことは評価できるが、英、仏、中国などに核保有国の核兵器削減と廃止を実現させ、更にインドやパキスタン、イスラエル、北朝鮮に核放棄を迫るためには、アメリカ自らの巨大な核兵器を大幅に削減しない限り、説得力を持てないであろう。

ここまで記したところで、オバマのアジア太平洋に関する演説を聞いた（一一月一四日午前）。この演説では、「プラハ演説」ということばは出て来たが、オバマそしてアメリカの主たる関心が「核なき世界」ではなく、イラン、北朝鮮を念頭に置いた核拡散防止体制にあることが明らかである。「世界に核が存在する限り、アメリカは強力かつ効果的な核抑止力により、日本と韓国を核の脅威から防衛する」と述べ聴衆の大きな拍手を受けている姿を見ると、「プラハ演説」の理想は全く影をひそめている。

「プラハ演説」を理由としたオバマのノーベル平和賞受賞についても、歓迎の反応が得られたのは日本だけではないだろうか。「ノーベル平和賞は（オバマでなく）ボリヴィアのエボ（Evo Morales 大統領）に」と題する一〇月一五日付のフィデルの「思索」の要旨を紹介したい。

フィデルは一般論として、これまでのノーベル平和賞が優れた人物だけでなく傲慢な人間にも与えられ、オバマの受賞についても多くの人から決定基準の矛盾や倫理観の疑問が出されている事実も指摘し、具体例として、マイケル・ムーア（キューバの国民医療制度を紹介し、アメリカの劣悪な医療保険を批判した映画制作者）の「オバマ大統領おめでとう。それでは、これからノーベル平和賞を実際に獲得して下さい」というコメントを紹介している。四名のアメリカ大統領（元、副を含む）のノーベル平和賞受賞者のうち、カーターとゴアについては背定的に紹介しているが、セオドール・ルーズヴェルトについては、「キューバの独立を阻止するためのアメリカ介入の際、自らキューバにのり込んで来た大統領」であると批判し、ウッドロー・ウィルソンについても「世界支配に参画するためにアメリカを第一次世界大戦に引きずり込み、戦後、敗戦国ドイツに過酷な条件を強要したことが、ファシズムの温床を育て、第二次世界大戦に導いた」と厳しく批判している。特に傾聴に値いするフィデルの「思索」の指摘は、「本質的に人種差別社会であるアメリカで黒人大統領として選出されたオバマにノーベル平和賞が与えられるなら、長年の白人支配からの独立・解放を獲得したボリヴィアにおいて、原住民（Ayamara）出身ながら、大統領に選出され、卓越した成果を挙げているエボ・モラレスこそ平和賞受賞にふさわしい」ことを真剣に論じていることである。エボ・モラレスは、チャベスと共にフィデルを深く敬愛する南米のリーダーであり、度々キューバを訪れ、フィデルと会談しているが、「貧しい農家の子どもだったエボ・モラレスは、六歳になる前から父親と共にラマの集団を引き連れてアンデスの山々を一五日間かけて歩き、近くのマーケットで売り、自らの家庭だけでなく部落全体に必要な資金を集めた」と幼少時代からの苦難を説明し、フィデルの質問に対しエボが「長い旅行中、夜は千星のホテルの下で休息をとった」と語ったことを紹介している。ホセ・マルティやフィデルがゲリラ闘争を闘ったシエラ・マエストラ、キューバの山々の夜もアンデスの山々と同様な満天の星が輝いていたであろう。フィデルの「思索」は真剣であるが、フィデルの血が脈々と流れ、暖かい心が感じられる。少し脇道にそれたが、フィデルは、エボ・モラレスが困難を克服して、ボリヴィアにおいて、医療、教育面でめざましい、革新的な政策を実現していることを詳細に紹介し、「エボ・モラレスに平和賞が与えられないのはエボがアメリカ大統領ではないからである」と「思索」をしめくくっている。

4 ＊ 北朝鮮の核問題

北朝鮮の核問題は日本にとっては大きな課題であり、日本核武装論を含め、あらゆる種類の報道、評論が騒然としているが、アンデスの満天の星空から世界全体を眺めると、かなり周辺的な問題のようにも思える。オバマのアジア太平洋演説も北鮮問題について新たな解決策を示すことはできず、私にも名案があるわけではないが、最初のまとめに記した「日本はモラルの力、モラル・ミサイルで北鮮の核を無力化する」という考えについての私の素朴な随想を簡単に述べたい。

半世紀前、確かな平和思想を抱いて安保闘争の抗議デモに参加した私の想いを振り返って考えてみると、この平和の思いを育て、強めたのは朝鮮戦争であった。一九四五年の東京空襲で焼き出され、両親の故郷、越前の地に移り、転々と仮住まいの生活を余儀なくされ、それなりの苦難と心労の多い幼少時代を過ごした私は、子ども心に、平和が戻った世界での自由な雰囲気の日々を楽しみ、感謝していた。

その平和な小学校生活の時代、「ひろしま」など文部省推薦映画を集団で見に行くと、最初に上映される短いニュースはほとんど一九五〇年六月に勃発した朝鮮戦争の内容であり、戦火に逃げまどう人々の悲惨な映像が幼い心に暗い雲を投げかけていたことをはっきりと記憶している。一九五三年七月、休戦協定が成立したときのホッとした気持も覚えている。全く同じ時期（七月二六日）フィデルがキューバ革命の発端となる武力闘争（モンカダ兵営襲撃）を実行したことなど日本では全く報道されなかったであろうし、私が知るよしもなかった。日本の朝鮮半島の植民地支配、冷戦構造に基く南北の分断など朝鮮戦争の原因について学び、その後の南北朝鮮の人々の苦難の歴史を学校教育で学んだ記憶はなく、高校、大学での読書を通じて、人類の歴史に絶えることのない戦争を再び起こさないための平和外交に貢献したいという想いが次第に強まっていった。しかしこの平和への憧れは単純なもので、深い意味での人間の尊厳、社会正義といった倫理、理念に支えられるようになるには、多くの体験と年月が必要であり、フィデルとキューバの革命家達との出会いが不可欠であった。

私は、韓国も北鮮も訪れる機会はなかったが、歴史の流れの犠牲者ともいうべき北鮮の人々の運命には、私なりの感慨と同情を抱いている。しかし、現在の金正日独裁体制による核外交（核カード！）については、否定的な判断しか持つことはできない。

貧困と圧政に苦しむ北鮮の人々の姿は、バティスタ独裁の時代のキューバの人々、あるいはフランス革命直前の絶対王制の圧政下のフランス人と同様であるが、私がわずかに垣間見た北朝鮮の独裁的社会主義体制にしがみつく金正日以下のリーダー、エリートの姿は極めて異常としか表現できない。私は、ルーマニア、ハンガリー、タンザニアなど社会主義国に勤務し、それらの国には北朝鮮大使館が存在していたが、当時、日本の外交官は、北朝鮮外交官との接触を完全に禁じられていた。現地での闇ドルの取引など卑劣な行為の噂の絶えない北朝鮮は異質というより不気味な存在であった。ハバナに赴任する頃（一九九六年）には、一般的な外交・社交の場においての北朝鮮外交官との接触というより「同席は差し支えない」という程度に規制が緩和され、私もフィデルが主催する公式レセプションや外務大臣主催の行事で北朝鮮大使と顔をあわせることが頻繁にあった。しかし北朝鮮大使は常に通訳兼監視の北鮮人に密着され、私がたまに、自然に笑顔であいさつを交わそうとしても無言無表情で通り過ぎ、外交団の中でも全く孤立した孤独で異常な存在であった。外交関係を維持するキューバは形としては平壌に大使館を置いているが、北朝鮮を担当するキューバ外務省のアジア局長にいつ質ねても、北朝鮮は同じ社会主義国であるキューバに対しても閉鎖的でありほとんど特別な情報は得られないと答えていた。フィデルの半世紀にわたる演説、最近の「思索」を読んで見ると、朝鮮半島や北朝鮮問題にふれたものはほとんど皆無に近い。フィデルはアジアの社会主義国である中国、ヴェトナムは度々訪問しているが、北朝鮮を訪問したことはない。二〇〇三年三月、広島訪問を目的に訪日したフィデルは東京での小泉首相との会談で、「北朝鮮の核問題で、キューバが何かできることがあれば、協力したい」と述べたと報じられたことがあるが、当時、北朝鮮のNPT脱退宣言（二〇〇三年一月）の直後であり、北朝鮮を訪問し、金正日と会談したばかりの小泉首相の北朝鮮問題提起にフィデルは「外交的」に答えたに過ぎないと思う。いずれにせよ、厳しいモラルと理念を維持してキューバ革命を推進しているフィデルが、国民の尊厳を踏みにじり社会正義を無視する北朝鮮の独裁体制に大きな異和感、嫌悪感を抱いていると推定しても誤りではないと思う。

その後、北朝鮮が初の核実験を強行した（二〇〇六年一〇月）時だったと記憶する。日本を初め世界が大きな衝撃を受けていた時、中国の国家主席特使が平壌を訪れ金正日と会談し、「核大国アメリカの足元で、核などに頼らずに自国を防衛することに成功しているキューバの例を教訓にしたらどうか」と核開発放棄を説得しようとしたという報道があった。私はその事実を確認する特別な情報に接したことはないが、中国とキューバの友好協力関係、特に社会主義国としての中国がカリブの社会主義国キューバに抱いている敬意（中国の歴代の国家主席、党リーダーは度々キューバを訪れ、フィデルと会談している）を考慮すると、この報道の信憑性は高いと思う。しかしながら当時も、現在も、硬直的、教条主義的な金正日体制が遠いカリブの小国を模範にすることは不可能なのであろう。アメリカ（オバマ）が真剣に核なき世界を目標とするならば、北朝鮮あるいはイランに核（開発）放棄を迫る前に自らの核軍縮を進展させると共に、イスラエル（あるいはパキスタン）の核放棄を説得する必要がある。日本ではあまり、知られていないか、忘れられている核放棄例が一つある。南アフリカの例で、これにもキューバが関連している。

私が南アフリカに勤務していた頃（一九七六年～一九七八年）、白人政権による核開発のうわさを耳にしたことがあるが、アメリカと密接な政治・経済関係を維持していた当時の白人少数政権は、密かにイスラエルの援助を得て核開発を進め、一九八〇年代には少なくとも七個の核弾頭を保有していた。その頃、南アフリカ政府は国際法を無視して南西アフリカ（現在のナミビア）の不法占拠、統治を続けており、南西アフリカと国境を接するアンゴラの民族解放闘争を挫折させるためアメリカの軍事的支援を得て様々な工作を行っていた。その結果、独立を達成したアンゴラの民族主義政府と南アフリカ・アメリカに支援された反動勢力との間の内戦が激化し、アンゴラ政府の要請を受けたフィデルは短期間の間に五万のキューバ兵を派遣し、アンゴラ独立を守るための闘争に参加した。南西アフリカから軍事作戦を実施していた南アフリカ政府は、キューバ兵による優勢な反撃に対抗するため保有していた核兵器を使用する可能性を検討し、キューバ側はその危険性も十分考慮に入れて軍事作戦を展開したことをフィデルが後に語っている。一九九〇年代、ネルソン・マンデラの黒人政権が実現した後、新しい南アフリカ政府は危険で無用な核兵器を廃棄した。

北朝鮮がキューバの教訓を学ぶことができないように、南アフリカの先例にならって自らの自由な意思で核放棄することもないであろう。北朝鮮の核外交は孤立した独裁政権の弱さの表現であり、この体制が正統的な社会主義（キューバのような）あるいは、民族主義に立つ革新政権に変革しない限り、続けられるであろう。アメリカは朝鮮戦争の当事国（敵国）として政治的立場が弱い上に、核大国として他国に核放棄を迫る道義的な権威は少ない。日本は、植民地支配という政治的負債を抱えているが、非核国、平和憲法を誇る平和国家として道義的立場は強い。しかし、現実的に核ミサイルに武装された北朝鮮の軍事独裁政権に対抗するために不可欠と思われる精神力、モラル・ミサイルを育成するためには更に、幾世代もの年月にわたる精神革命が必要なのであろう。

北朝鮮の核問題はこのように考えていくと、社会主義・革新体制のあり方、超大国アメリカが支配する資本主義体制、更には、人間の社会、国家の理想的な姿など根本的な課題に連なっていく。アメリカとオバマがアメリカ中心のグローバル経済・政治システムの根本的な変革を考えようとしないことについて、フィデルの「思索」は繰り返し、繰り返し、批判を続けている。そのことを紹介したいと考えていたが、一一月一四日、わずか二三時間の日本での日程を終え、専用機のタラップをかけ上がり、日本を去っていた姿を見ると、巨大な力と共に大なる政治的・精神的負債を継承したオバマ大統領の重圧を感じ、同情せざるを得ない思いで、今はこれ以上の批判をする気持ちを失った。それに、時間的余裕もなくなった。

フィデルの一一月一一日付「思索」は、「オバマはアメリカ国内の巨大な貧富の格差、社会体制の根本的欠陥を抱え、世界の気候変動による地球と人類の破滅という緊急の課題への解決策もなく、中南米においては、ホンデュラス、コロンビアの米国基地を通じる卑劣な干渉政策を継続しており、（アメリカの真のねらいはヴェネズェラのチャベスとボリヴィアのモラレス政権の崩壊）このような時期の『日の昇る国日本の昭仁天皇との会見』など、日本、中国、韓国訪問は、サイエンス・フィクションの物語りのように感じる」と記している。このフィデルの想いは、武蔵の「実の空」ではない、虚偽に満ちた「空の空」に対する厳しい批判と怒りである。

家がいる。二〇世紀の初め、彗星のように現われ、流れ去ったシモーヌ・ヴェイユというフランスの女性思想家がいる。一八歳で、フランス共産党加入を考え、パリに亡命して来たトロツキーを数日、自分の家に泊めてやるが、毎晩トロッキーと議論し、トロッキーが「二人は全ての問題について意見が異なるのにどうして泊めてくれたのか？」あなたは救世軍のメンバーなのか？」といわせるような徹底的（トータル）な思想家・精神革命家であった。ユダヤ系であるため第二次大戦により家族と共にアメリカに亡命するが、単身、ロンドンに渡り、ド・ゴールの亡命政府「自由フランス」に参加し、ナチ占領下のフランスにパラシュートで潜入し、抵抗運動に参加するという念願を拒絶され、代りに解放後のフランスのあり方、新しい人権宣言を起案する課題を与えられる。シモーヌ・ヴェイユは、人民の人権ではなく「人間の義務」がより本質的に必要であると考え、「根をもつこと」という著作を記し「国のたましいをかえること」を訴えた。この他、結核など様々の病の中で、「抑圧と自由」など人間社会のあり方に関する深い思索を刻みながら、イギリス、ケント州のサナトリウムで三四歳の生涯を閉じた。『重力と恩寵』『神を待ち望む』などの宗教的著作に出会ったのは、三〇年以上も前のことだが、最近出会ったばかりのこの二つの著作から学ぶことが私の次の課題であり、機会があれば紹介させていただきたい。

第8章

ハイティと世界が必要とするのはヒューマニズムの使徒

――ハイティ大地震に想うこと

奉仕活動のフィデル・カストロ

世界の最貧国のひとつ、ハイティにどうしてこのような悲惨な大地震が起こらなければならないのかという思いは、私の場合特に強い。私が三年三か月滞在したキューバの隣国というわけでなく、キューバの人々、特にフィデル・カストロにとって心痛む事件である。『ひとりから』40号（本書第5章）の冒頭に「ハリケーンでハイティでは数百人が死亡し、人々は食糧難に苦しみ、泥のクッキーで飢えをしのいでいる人もいる」と記した。また43号（本書第6章）には「ハイティの土地にスパルタクスの魂が甦り、黒人奴隷が革命を起こし、ナポレオンの将軍達を破って自由な共和国を樹立した歴史のエピソードほど私を感動させるものはない」というフィデルのことばを紹介した。

更に、私はフィデルから直接、ハイティにおける日本とキューバの医療協力についての真剣な要請を受け、日本政府に伝達したが、今もなお実現されていないことに対する無念の思いが強い。もしこの医療協力が実現していたならば、このような大地震の災害における日本の援助・協力は大きな役割を果たし、ハイティだけでなく、世界からも高く評価されたであろう。今回日本は、ささやかながら医療団や緊急援助チーム、更にＰＫＯを派遣したが、アメリカの軍事的プレゼンスの増大は異常であ

【『ひとりから』44号、二〇一〇年二月一六日】

り、フィデルは「危険である」と警告している。ハイティなど世界の貧しき、弱き国々、人々に対する国際社会の真のヒューマニズムとモラルの欠如は少しも変化していない。

キューバは、地震直後より、数百人レベルの医師チームを派遣し、連日連夜真剣な医療援助活動を実施しているが、日本を含め世界はキューバの国際連帯精神を軽視あるいは無視している。フィデルは献身的なキューバ人医師達を「英雄精神に満ちたヒューマニズムの使徒」と呼んでいる。病床から、これらのヒューマニズムの使徒とキューバ国民を激励し続けるフィデルの深い精神性は、絶望的で暗闇の如き世界の中に輝く、真理と正義のために闘い続ける勇者の姿であり、私にとって大きな希望の光の存在であり、その姿を少しでも紹介したい。

1 ＊ キューバはハイティに兵士ではなく医者を送る

フィデルの危機における真剣な行動力と深い連帯精神については、ハイティ、キューバを直撃した一九九八年のハリケーン・ジョージの具体例を『ひとりから』40号に記した。キューバの使徒と呼ばれるホセ・マルティは、フィデルが尊敬するマルクスについて次のように記している。

「マルクスは人間の悲惨と人間の運命に深い洞察を有し、善きことを為す情熱に燃えた。弱き人々の側に立ったマルクスは、労働者の世界における最も高貴な英雄である」。

フランスの女性思想家・革命家、シモーヌ・ヴェイユもマルクスについて次のように記す。

「マルクスは高適な心の人であった。不正は、肉体的にといえるほどにマルクスを苦しめた。この苦しみの激しさは、もし、正義が世界を支配する見通しが得られないならば、自ら生きることも妨げられるほどの激しさであった」

世界の無限の悲惨を背負う、マルクス、ホセ・マルティ、シモーヌ・ヴェイユ、フィデルこそ真の革命家であり、最高の人間であると思う。そして現在、ハイティで活躍する多数の医療関係者も英雄精神に満ちた革命家の同志である。

フィデルは、ハイティの悲惨の根源を凝視する。地震発生から二日後の一月十四日付の「思索」で、フィデルは次のように記している。

「ハイティの地には、ヨーロッパ人によって数多くの奴隷が連れてこられたが、四十万のアフリカ人奴隷が、サトウキビ畑やコーヒー・プランテーションの所有者であった三万の白人に抵抗して、我々の南半球における最初の偉大な社会革命を実現し、その革命でナポレオンが派遣した優秀な将軍たちを敗北させた栄光の歴史を誰一人語ろうとしないのは驚くべきである。その栄光あるハイティはその後一世紀以上の間に、植民地主義と帝国主義の犠牲となり、国民は強制労働を強いられ、外国の干渉により、富は収奪された。現在も、ラテンアメリカ、アフリカ、アジアの数十億の人々が、ハイティと同様に搾取と貧困の中で生きている現実を忘れるべきではない。ハイティの天災の被害者の救出と援助が緊急の課題であることは当然であるが、今こそ、われわれの兄弟であるハイティの人々のため真実で現実的な解決策を追及すべき時である」

フィデルはこの「思索」において、地震直後のキューバ医療チームの献身的活動を次のように説明している。

「ハイティでは近年四百人のキューバ人医師と医療関係者が無償でハイティの人々の医療のため、ハイティ全国にある三三七区域のうち二二七区域で活動している。更にハバナのラテン・アメリカ医学校を卒業した四百名近くのハイティの若い医者も協力している。これに加え、キューバの緊急援助チームが参加して、一〇〇〇人の医療チームが、被災者の救助、治療に専念できる体制となっている」

フィデルの一月一四日の「思索」は、ハイティの援助が単なる復興、経済援助に終わることがないようにとの想いを次のように記している。

「キューバによるハイティの人々との協力において最も重要であり、価値ある協力は、ハイティをはじめとする多くの国における終りなき悲劇に終止符をうつための思想と政治行動の闘いのための協力である」

このフイデルの熱い想いを具体的に記したのが、「キューバは（ハイティに）医者を送る、兵士ではない」と題する一月二三日付の「思索」である。

フィデルは、「パキスタン大地震を遥かに上まわる戦争の如き状況」のハイティで献身的に活動するキューバ医療関係者の貢献を記すだけでなく、「国家のエゴイズムと国益を超える連帯精神」の重要性と具体例を繰り返し述べている。「一月一六日にはキューバの医療チームは四つの病院と四つの総合診療センターを稼動させ、そのひとつ『デルマ33病院』では、一二人のチリ人医師、八人のヴェネズエラ人医師と九人のスペイン人尼僧がキューバ人医師と協力して治療にあたっている。また、キューバ人医師は、スペイン、メキシコ、コロンビア、ヴェネズエラなどの国々が運営する施設で働いている」。

キューバは長年、災害に際し純粋に人道主義（ヒューマニズム）に基づく援助活動を率先して行い、ニュー・オルリンズを壊滅させたカトリーナ・ハリケーンの時には、ワシントンよりキューバに近いニュー・オルリンズのアメリカ市民の人命救助のため一〇〇〇人以上のキューバ人医師団（ヘンリー・リーヴ部隊）を新設して派遣することをアメリカに申し入れたが、アメリカ政府が拒否した理由について、フィデルは「キューバ国民は長年にわたるアメリカによる侵略行為の苦難を受けても、アメリカ国民を敵視するようなことはしないという倫理的な態度をアメリカ政府は理解することができないからであろう」と記している。

キューバは、パキスタンにも派遣したこのヘンリー・リーヴ部隊を、今回、ハイティにも派遣し、また、アメリカによる人道援助を円滑に進めるため、アメリカ航空機のキューバ東部領空の飛行を迅速に許可した。フィデルは、ハイティが直面する巨大な課題を次のように分析する。

「ハイティの貧国は、外部から導入された奴隷制、植民地支配、資本主義、帝国主義の産物であり、国際社会の豊かな、強い力を保有する国々に対して、挑戦状を突きつけている。多くの死者（一月二三日の時点では一〇万人、現時点では二三万人）と負傷者、避難民、国全体の八〇パーセントのインフラの破壊をもたらした悲劇の中で、少年少女の不法養子縁組が進められ、多くのハイティの子ども達のルーツが根こそぎにされようとしている。ハイティの復興の困難さは巨大なものであり、これと比較すると、生産性と技術力を有していた欧州と日本の戦後復興は単純なものであった」

フィデルはこのような分析の後、アメリカの軍事力の威示について次のように厳しく批判する。

「このハイティの悲劇の真最中、誰も知らないうちに数千人規模のアメリカ海兵隊、第八二空挺団などのアメリカ軍兵士がハイティの国土を占領した。誰もその理由を質さないばかりか、国連やアメリカ政府は、このアメリカ兵力の配備について、世界に何の説明もしていない。いくつかの国の政府（報道によれば、フランス、ブラジルなど）は、救助のための自国の航空機のハイティ着陸がアメリカ軍によって拒否されたことに抗議した。アメリカ以外にも、兵士や軍事装備のハイティ派遣を検討している国々があるが、このようなことは、国際協力という複雑な課題に混乱を生じさせることになる。ハイティが直面している極めてデリケートな課題に適切に対処するには国連が中心的役割を果たす必要がある。キューバが果たしているのは、純粋に人道主義に基く使命である。われわれが送っているのは医者であり、兵士ではない！」

ハイティ地震に関する日本のマスコミはアメリカ兵のプレゼンスと誇示を当たり前のように、むしろ大きな役割を果たしているかのように報じている。ほとんど姿を見せないハイティ政府要人がクリントン長官のハイティ訪問の際、突然現われたり、国連事務総長と並んでクリントン元大統領の姿が放映されるのを見て私も異常に思った。アメリカの資本力に支配されている世界の主要マスコミの報道も残念ながら同様なのであろう。

2 ✷ 英雄精神に満ちたヒューマニズムの使徒

アメリカや豊かな国のエゴイズムとは対照的なフィデルとキューバの連帯精神がいかに真摯なものであるか、私はキューバに滞在し、フィデルと接するほど、強く感じるようになった。

冒頭に記した一九九八年九月のハリケーン・ジョージは、キューバに上陸する前に、ホンデュラスとニカラグアに六〇〇〇人以上の死者を出したが、キューバも同じハリケーンの被害を受けている真最中、フイデルは、この両国にキューバ人医師を派遣し、可能な限りの物的援助を与えた。フィデルは「大きな被害に非常に心が痛む。われわれは、これまで同様に、連帯精神と同志愛に基くできる限りの援助と協力を惜しまない。国民が忍耐と勇気で国難を乗り越えることを心から祈っている」というメッセージも伝えた。

「われわれの祖国は人類である」というホセ・マルティの思想を生きるフイデルの人命尊重のヒュー

マニズムに感銘を受けた私は、キューバに対する日本政府の一〇億円の緊急援助の決定を発表する際、「キューバの国際的人道援助とフィデル・カストロの人命尊重、尊厳の深い配慮」にもふれた。その三日後、ハイティのプレヴァル大統領歓迎レセプションに出席した私に対し、フィデルはわざわざ次のように語った。「日本政府の援助決定のことはテレビ、グランマ紙（党機関紙）で知ったが、深い謝意を表明したい。あなたがキューバの国際援助のことを話してくれたことに感謝している」。

長年の誤解と偏見の中で生き続けるフィデルとキューバの人々は、何よりも理解されることを念願しており、その善意が理解されると本当に率直に喜びと感謝の想いを表わす。

ちょうどその頃フィデルは、ハイティの厳しい状況に世界は眼を向ける必要があることを訴え、「低開発という、永久のハリケーン」と題するスピーチの中で次のように語った。

「低開発という永久のハリケーンが、隣国ハイティを襲って自然のハリケーンと同数ほどの人命を奪っている。ハイティでは千人のうち一三五人が五歳以下で死亡しているが、適当な医療計画を実施すれば毎年一万五千人から二万五千人の幼児、青少年の生命を救うことができる。私は、世界の発展した国々に人道精神を訴えたい。ハイティなど世界各国で医療活動に従事している約六万人のキューバの医師は、カナダ、フランス、ＥＵあるいは日本などの国が医薬品や医療器具を提供してくれれば、より大きな役割を果たせるようになる」

フィデルはハイティにおけるキューバ医師と先進国による医薬品の提供の連携を真剣に追及し、このスピーチから約半年後の一九九九年四月、直接私に対し日本の援助を要請した。一時間後にランチの席で会談したいという突然の招待に驚いたが、フィデルの最大の関心はハイティにおける日本とキューバの医療協力であった。

フィデルは次のように語った。

「世界でも最貧国のハイティの医療水準向上のため、キューバ人医師を派遣したり、ハバナに新設されたラテン・アメリカ医学校でハイティの医学留学生を受け入れ、勉強してもらっている。キューバは、中南米、アフリカの恵まれない国々への医療協力に努めているが、ハイティだけに限定して、日本が医薬品を提供するという形で、キューバと日本が協力することができればすばらしいと思うが、どうだろうか」

アメリカの経済封鎖を受けているキューバは、国内の医薬品も不足しているので、もし日本が医薬品、更に医療器具を提供することができれば、ハイティの数多くの人々の生命を救うことができると考え、私は色々な機会に日本政府に訴えたが、冷淡な反応が返ってくるばかりで、いまだに実現していない。日本や先進国の人道援助も自国の国益、外交上の得失という観点から実施されることが多く、フイデルのヒューマニズムのように国境を超えた人類全体を普遍的に捉えることは今後とも不可能なのであろうか？

確固たる人間の尊厳の思想に立って、ハイティなど世界の無限の悲惨を背負うフィデルの無私の精神は、今後とも国家のエゴイズムと無秩序の国際社会と闘っていかなければならないことは、今回のハイティ大地震に際して改めて明らかになっている。フィデルは一月一六日の「思索」において、

「国家のエゴイズム、ショーヴィニズム（力の誇示）、卑劣な利益、他国をを侮辱する勢力を、いかに、協力と連帯精神が忍耐を持って克服できるかという大きな課題をハイティは世界に投げかけている」と警告している。

この目的のため闘い続ける献身的なキューバ人医師達をフィデルは「英雄精神に満ちたヒューマニズムの使徒」と呼んでいるが、その深い想いを、二〇〇〇年、国連ミレニアム総会の時、ニューヨークのハーレムの教会で、このように語っている。「われわれにとって最も神聖な理念のひとつは連帯精神であり、キューバの子どもと同様に、ハイティそして世界のいかなる国の子どもが苦しんだり、死亡すれば心を痛めている。人間を信じ、人間が高貴な感情を持ち、善良さと無私の精神を持つ可能性を信じることのできない人は、われわれのこのような気持ちも決して理解することは出来ないであろう」。

フィデルとキューバのヒューマニズムの使徒達は、その努力と貢献が国際的に無視あるいは軽視されていることを承知した上で、敢然と闘いを続けている。その真剣さを物語るのが、革命四〇周年を迎えた一九九九年、ヴェネズエラ大学での「思想の闘い」と題する学生達へのスピーチであるが、その中で、フィデルは次のように学生に語りかけている。

「わずか三千人の医者から出発した革命キューバであるが、これまでに約二万六千人もの医者が、世界各地のどんな厳しい環境、劣悪な地域にも赴いて国際医療活動に貢献してくれた。われわれ自身も抽象的観念でなく、世界各国の人々と接触し、日常生活を共にすることにより、これらの人々のすばらしい資質に接し、全ての国民が平等であることを肌身で理解し、人類と人間に対する信仰を学び、持つことを学んだ」

フィデルは「援助の手を差しのべる特権を与えられた」とも語っているが、キューバのヒューマニズムの使徒達が心と体で学んだ謙虚さは、世界各国の弱き人々、苦難にある人々の心をとらえている。現在悲惨の真最中にあるハイティの人々の反応にはまだ接していないが、パキスタン大地震の時、パキスタンの奥地の野営キャンプで働いたキューバ人女性医師は次のように述べている。「私は希望を無くしている人達を助け、失われるかも知れない生命を回復させるため、友情と友愛の心で人道的連帯の仕事をしました」。また、別のキューバ人医師は、「現地の患者が、家にまで医者が来てくれ、体に触って診察してもらったのは生まれて初めてですと感動する姿に接して、私はキューバという素晴らしい国に生まれたと実感しました」と述べている。

フィデルが「崇高な尊厳さをもって死を覚悟した」ミサイル危機において示されたキューバ国民の確固たる決意、勇気に対し、「このキューバの国に生まれたことを誇りに思う」と述べたことは『ひとりから』44号に記した。そしてこのキューバ人の底力ある誇りこそ、生きがいと喜び、勇気と希望の源泉である。「人類が祖国」という理想に生きるフィデルとキューバの人々の英雄精神に満ちたヒューマニズムがキューバのモラル・ミサイルの内実であり、これが、ハイティのみならず、危機に直面する日本、世界全ての国々が必要とするほとんど唯一の武器といえるのではないだろうか。

3 ＊ 単なる博愛精神からは何も生まれない

フィデルは、高貴な理想を追求し続けるが故に、厳しく悲惨な現実を直視している。実は、フィデルは昨年（二〇〇九年）五月二四日付「思索」で、「ハイティには即効的な解決策はない」と題する予言者的な認識を示している。その頃（三月）クリントン元大統領が国連のハイティ特使に任命され事務総長と共にハイティを訪問し、「クリントンの博愛精神がハイティの人々に評価され、国連事務総長はクリントンの訪問が、ハイティが直面する問題に対する国際社会の関心を高めることに貢献したと述べた」旨の報道を取り上げ、フィデルは「単なる博愛精神からは何も生まれない、ハイティには即効的な解決策はない」と次のように分析している。

「ハイティの歴史と悲劇は単なる博愛精神よりはるかに複雑である。ハイティは一八〇四年にアメリカ大陸ではアメリカに次ぎ独立を達成した。アメリカでは自ら奴隷を保有する白人入植者が英国の植民地支配から独立を獲得したのに対し、ハイティでは、約三万の白人に従属させられていた四〇万以上の黒人奴隷が反抗し、人類の歴史上初めて奴隷制度を廃止させたという栄光を有する。しかしこの時期に、資本主義が発達し、強力な植民地主義国家が地球全体を占有するようになった。その後二〇〇年の間、ハイティは植民地主義、資本主義、帝国主義、ネオリベラリズム、そしてあらゆる形体の略奪と搾取の犠牲となった。ハイティの現在の貧困にハイティ人は何の責任もない」

フィデルはこの「思索」の中で、ハイティの悲惨な状況、キューバの医療協力の具体的内容に触れている。詳細は省略するが、私も一九九八年にハバナの革命宮殿で会見したハイティのプレヴァル大統領のキューバ訪問を契機として、ラテン・アメリカ医学校がハバナに新設され、「これまでに五三三人のハイティ人医師が卒業し、四一二人のキューバ人医療関係者が無料でハイティの人々の医療サービスを行なっており、特に、ハイティの三つの病院において三七、一〇九回の眼科手術（白内障と思われる）を実施し、複雑なケースはキューバに移送して手術を行なっている。ラテン・アメリカ医学校にはハイティに次いで、ヴェネズエラ、ボリヴィアなど第三世界各国からの留学生が加わり現在、二万四千人以上になっており、これらの医学生は、ハイティその他の国々のいわば『医療司祭』として活躍するであろう」と述べ、「先進国もキューバの例にならって欲しい」と訴えている。

革命家フィデルがハイティ、キューバを含む「新大陸」における収奪の歴史を厳しく告発するのは当然であるが、アメリカや国際社会の安易な博愛主義を批判したこの「思索」を読んで、私が直ちに想い出したのが、ローマ法王ヨハネパウロ二世の歴史的なキューバ訪問歓迎式典（一九九八年一月二一日）における次のようなフィデルの歓迎の演説であった。

「法王が訪問されたこの国には、ヨーロッパ人が初めて訪れた時の平和で善良な原住民はいない。原住民は奴隷労働により、戦いにより、またヨーロッパ人が持ち込んだ病気の犠牲により絶滅してしまった。絶滅した原住民の後に、幾世紀にわたり、一〇〇万人以上のアフリカの奴隷が連れてこられた。

この西半球における征服と植民地化により、七〇〇〇万人の原住民と一二〇〇〇万人のアフリカ人が奴隷となり死んだ。統治と開発の名目の下に行なわれた巨大な不正義は多大の犠牲を経た現在も続いている。キューバではアフリカ人は文化、信仰、人種構成において、キューバの偉大な歴史に参加した。キューバは独立の闘いにおいて、植民地主義者の非道な犯罪により、多くの女性、老人、子どもの生命が犠牲となった。ポーランド人としてアウシュビッツの証人である法王はこの人類の良心に反する犯罪の意味を良く理解できると思う」

私から数メートルばかりの演壇から紅潮した表情で、ローマ法王と世界中から集まったジャーナリスト、カメラマンの前で、このように奴隷制度と植民地主義の非道を告発するフィデルの勇気に私は本当に驚いた。私は「ミケランジェロが描く旧約聖書の予言者のような厳粛な表情のフィデル」と表現したことがあるが、キューバ国民、更に悲惨な世界の人々の生命、尊厳を必死な覚悟で背負っているフイデルの姿は、生身の人間を超越する強く、リアルな精神の輝きと永遠の存在を感じさせる本当に美しい存在で、私は永遠に忘れることはないであろう。

フィデルはこの演説において、不公正なアメリカのキューバ封鎖について、次のように簡潔であるが厳しく批判した。

「キューバでは現在も経済的・政治的・軍事的な超大国の支配に服従しない国民が飢餓、病気、経済困難により大量虐殺（ジェノサイド）されようとしている。われわれは信念を放棄することより、何千回もの死を選ぶであろう。キューバ革命はキリスト教信仰を守った人々、教会と同じように多くの殉教者を有している」
フィデルの歓迎のことばに対し、ローマ法王は、静かな口調で「キューバの人々は自らの歴史と国の主人公であるべきである。キューバがそのすばらしい可能性をもって世界に開かれ、キューバの国と国民が、真実を求め希望を抱いて未来に向かうことができるよう世界が開かれることを願っている」と世界に訴えだ。更に、一月二五日、ハバナを去るにあたっての別れの挨拶では、「キューバに対し外部から押し付けられた制限的経済措置は不正であり倫理的に受け入れることはできない」と明確なことばでアメリカの経済封鎖を批判した。

一九六二年のケネディ政権以来、現在も継続しているアメリカの経済封鎖問題は複雑な問題であり詳細を記す余裕はないが、例えば、フィデルが私に対し、ハイティにおける日本の医薬品提供を要請したのも、経済封鎖により、キューバのみならず、ヴェネズエラ、ボリヴィアなど多くの国へのアメリカ、更に世界各国からの医薬品輸出が禁止あるいは不当に制限されているためである。キューバは近年、毎年の国連総会に、国際法に明白に違反するアメリカの経済封鎖に対する非難決議を提出、一九九六年以降は、西側諸国を含めた圧倒的多数で可決されているが、イスラエルと共に反対票を投じ続けるアメリカは、この国連決議を完全に無視し、日本を含めた国際社会も、それを放置している。

オバマは、数年前、上院議員として「経済封鎖は撤廃されるべきである」と発言したが、大統領就任後、トリニダッド・トバゴで開催された米州機構首脳会議の際、この発言について質され、「何千年も前の発言はよく覚えていない」と無責任な反応を示し、フィデルが激しい怒りと失望感を表明したのは当然であった。

ハイティに関しては、アメリカの「帝国主義政策」の具体的内容について、フィデルの「思索」はふれていないが、アメリカが一九一五年海兵隊を上陸させ、ハイティを占領し、アメリカ軍による一九三四年までの軍政によりアメリカによるハイティ支配が確立した歴史的事実は、一九九八年の米西戦争の結果、「独立」したキューバのグアンタナモ基地を占有し、キューバ革命（一九五九年）までキューバを保護国化したのと同様である。形式的には安保理決議によるとされているが、ハイティ大地震を口実としたアメリカの軍事的プレゼンスの増大にフィデルが強い警戒心を抱くのも当然といえる。

アメリカの力の脅威が単に核兵器にとどまらず、巨大な陸海空軍、更に世界各地に配備されたアメリカ軍基地など総合的な軍事力であることをフィデルは繰り返し警告している。例えば最近では、ホンデュラスのアメリカ軍基地、更に新たに配備を決定したコロンビアにおけるアメリカ軍基地を通じた内政干渉の危険を警告し「オバマはある程度は人をだますことはできるかもしれないが、リンカーンが述べたように、いつでも誰でもだますことはできない」と「思索」に記している。

フィデルは沖縄のアメリカ軍基地については黙して語らないが、これは日本に対する配慮によるもので、私は直接、フイデルから、沖縄におけるアメリカと日本の戦闘、現在の沖縄米軍基地の規模などについても質問を受けたことがある。ハイティにおけるキューバと日本の医療協力を要請された、突然の昼食会の席でのことであった。

4 ＊ 新しい「革命」の途は？

フィデルは二〇〇〇年四月、ハバナで開催された第三世界の「南々サミット」において、「自由・平等・友愛を唱えたフランス革命にもかかわらず、現在、世界全体にアパルトヘイトが拡大している。第三世界の人々は、貧しき国々の神聖な権利の為の闘いに団結と統一が必要である。その闘いは義務でもあるが、第三世界の人々は闘う力、勇気、能力、を有している」と悲愴感にあふれた演説を行っている。

シモーヌ・ヴェイユも「人類が啓蒙思想の光が世界に普及することを信じたのは誤りであった。一七八九年（フランス革命）以降、人々が民主主義と平和主義にかけた希望も滅ぼされた」と記し、フィデルやマルクスそして私も念願する「革命」についても、「数多くの虚偽のひとつではないかどうか、明確な内容を分析する知的勇気を持つことが必要である」と述べた上で、次のようなインスピレーショナルなことばを記している。

「弱さが弱いものとしてとどまりながら、強さ、力を構成するという観念は十字架に示されるキリスト教的観念である。それは、この世のものではなく、超自然的な力と方法によって、決定的に静かに働く。輝きによって大衆（人民）に浸透するとしても、大衆の中に住むことはなく、ある種の魂の中にのみ住む」

すでに一九四〇年代、ソ連の「革命」がローザ・ルクセンブルグが望んだ自発性（生きた精神）を喪失し、権威主義に変貌し、フランス、ドイツ、スペインなど各国の「革命」運動が挫折する現実に直面したシモース・ヴェイユの直観は誤ってはいないかも知れないが、シモーヌ・ヴェイユはフィデルと革命キューバを知ったならば、考えを改めたかも知れない。

この私の思いに答えてくれるかのように、フィデルは「ボリーヴァル革命」と題する二月七日付「思索」で、現代における革命と革命家のあり方を正面からとりあげている。

「幼少の頃、テレビもラジオもなく、想像力を唯一の武器として、人類の歴史やアレキサンダー、シーザー、ハンニバル、ナポレオンなど偉大な軍人の伝記を学んだが、歴史を動かしている理想を理解するには幼稚であった」と告白するフィデルは、真の革命家について次のように述べる。

「私の愛国心と『われわれの祖国は人類である』という深い思想を学んだのは、ホセ・マルティとの出会いからであった。マルティの思想の大胆さ、美しさ、勇気そして倫理観が、革命家としての私を育ててくれた」

フィデルは、シモーヌ・ヴェイユが十分には知らなかったと思われる南北アメリカ大陸における「嫌悪すべき大土地所有制度と奴隷制の歴史、実にその後二世紀に及ぶ帝国主義、植民地主義による巨大な搾取の遺産をひきずっている現代という特殊な歴史状況を把握し、変革を試みるためには、シモン・ボリーヴァル、ホセ・マルティと共に、マルクス、レーニンの思想が不可欠である」と断言している。

フィデルのこの「思索」は、キューバ革命とキューバのヒューマニズムの使徒たちが実現しつつある、マルクスやシモーヌ・ヴェイユが夢見た「真の革命」の内容についてはふれていないが、その「革命」が中南米諸国に浸透しつつあることについて、近年、「ボリーヴァル革命」を民主的に実現したヴェネズエラの革命精神に基づく政策を評価し、そして、他の中南米諸国についても、ハイティ大地震に関連して次のように述べている。

「私たちが文明社会と信じるこの世界には、想像を絶する破壊力を有する核兵器が存在し、兵士に代わってロボットが活躍し、教育者がマスメディアにとってかわられ、政治指導者はあらゆる問題の解決に無能を露呈している。最近、モントリオールでの金融問題会議で、先進国がハイティに対する援助を逡巡している時、ヴェネズエラは、ハイティに対する一億六七〇〇万ドルの債務を免除してしまった。キューバのラテン・アメリカ医学校を卒業した数多くのヴェネズエラ人医師が、現在ハイティにおいて、キューバ、ハイティ、ドミニカ、ボリヴィア、ニカラグア、エクアドル、ブラジル、チリ、更にアメリカからの医師と協力して、数百の野外病院、リハビリセンター、病院を建設し、医療活動に献身している。ハイティ政府も、これに応えてできる限り多くのハイティ国民に、無償で医療サービスを提供する方策を検討している。このような各国の協力の姿は、私たちの西半球における最悪の悲劇の真最中、人々にとつて大きな慰めとなるであろう」

二月二七日に発生したチリの巨大地震に対しても、フィデルとキューバ、そして多くの中南米諸国が、ヒューマニズムに基づく医療、援助活動を協力して実行してくれるであろう。病床にあるフィデルのチリに対する深い想いは、ハイティに対する想いに勝るとも劣らない。フィデルが敬愛したチリのアジェンデ大統領は、一九七三年九月一一日（九・一一！）、軍事クーデターに最後まで対抗し、フィデルから寄贈されたAKライフルを手にして闘い、フィデルが「精神の高みに達した」と表現する栄光ある死をとげた真の革命家であった。アジェンデの娘ベアトリスが、サンティアゴのキューバ大使館に避難し、砲弾の中、航空機でキューバに脱出したときの生々しい模様を、私は当事者から聞いたことがある。アジェンデ、ベアトリス、そして多くのチリの革命家、更にフィデル、チャベス、モラレスなどの真の革命家の精神を受け継いで闘い続ける多くの革命の同志の群像。同時代の革命に幻滅したシモーヌ・ヴェイユも、現代に生き返って、これらの革命家の実像に接することができれば、必ず、新たなインスピレーションを得るであろう。

人類の存続のためにも、「革命・変革」を必然的に必要とする私達は、シモーヌ・ヴェイユが未完のまま絶筆として残したこの論文「マルクス主義学説は存在するか？」（結核サナトリウムで死の直前まで執筆していたのかも知れない）の思想を受け継ぎ、人々の魂を変える精神革命、そして現実の社会体制の根本的変革のための方法を探究し、実現することが私達の課題であり、義務であると思う。

第9章

果樹の花々の咲くロンドンの春

——シモーヌ・ヴェイユの贈りもの

シェラ・マエストラのフィデル・カストロ

【『ひとりから』46号、47号、二〇一〇年五月一五日、九月一五日】

1 ＊ ロンドンの春、榛名高原の春

ロンドンの春の訪れは早い。北国イギリスの厳しい冬の日々を忍耐した人々は、春のきざしに心をときめかす。二月初旬、灰色と黒々した裸木が支配するロンドンの公園にアーモンドの美しい花が姿を見せる。

「ロンドンのあちこちにピンク色の花の咲き乱れる樹木があります。ロンドンは、花々が咲いているすばらしい広場でいっぱいです」とシモーヌ・ヴェイユは一九四三年三月一日付けの両親宛の手紙で記している。四月一七日付けの手紙は「ロンドンはピンクと白の花々が咲いている果樹であふれていますます」と記し、更に五月一〇日付けの手紙に「あらゆる種類の果樹の花々が、今、満開を迎えています」と書き送った。

ナチスドイツのフランス占領に続く反ユダヤ人政策のため一九四二年六月、両親とともにニューヨークに亡命したシモーヌ・ヴェイユは同年一一月末、単身ロンドンに渡り、亡命フランス政府「自由フランス」の仕事に従事していた。

十代の頃から慢性血行障害による慢性疲労症、激しく襲う頭痛など病弱の体での過労、執筆、栄養不足などに加え、結核が進行し、ロンドン生活半年後の一九四三年四月末にはロンドンの病院に入院してしまう。しかし、シモーヌ・ヴェイユの「英雄的精神の暴走をいつも心配していた」両親の愛と心を想い、入院後も以前の下宿先のアドレスで両親に手紙を送り続けた。

ロンドンの春が輝かしい初夏に移り変わった七月一八日付けのシモーヌ・ヴェイユの両親宛手紙。

「お母さん、私が何か人に与えるものを持っていると思っておられるのですか。私自身、私の中に人に伝えていかなければならない純金の贈り物があるという確信が心の中で強まっていくのを感じます。でもこの贈りものを受けとってくれる人はだれもいないという思いがだんだん強くなっていくのです」

この手紙を記してから一か月後の八月十七日、シモーヌ・ヴェイユは、イギリス南部ケント州アシュフォードのサナトリウムに移され、一週間後の八月二四日深夜、三四歳の命を閉じた。病室の窓から木々や芝生そしてどこまでも広がるイギリス南部の緑の世界に見とれるシモーヌ・ヴェイユの顔は平安と静かな喜びの光に輝いていた。シモーヌ・ヴェイユにとっては初めてで最後の春そして初夏であった。

私には、ほぼ半世紀前の若い頃三〜四年間シモーヌ・ヴェイユが愛したイギリスの春の訪れと輝かしい初夏の経験があり、その想いは今も鮮明である。この冬と春を上州榛名高原で迎えて、その時の記憶が鮮やかによみがえり、シモーヌ・ヴェイユの想いと重なった。私たちにとっては一五年ぶり、そして、高原の冬としては生まれて初めての日本の冬は厳しく、春の訪れが待ち遠しかった。二月、あたり一面黒々とした樹木の中に、ひとつの梅の花のつぼみに出会った時はとても嬉しかった。そして、三月、梅林の中に横になり見上げる紅梅は、やがて花開く桜のように美しかった。いつの間にか芽を出し、花咲いた野原の花々が、ひとつひとつ鮮やかな色彩で、春を告げていた。

四月中旬、高原の春は平野より遅い。前日、咲きほころぶ染井吉野に白雪がつもったというのに、その日は暖かく穏やかな日だった。遠く西の浅間は純白の冠雪。近くの榛名の山々は白い薄化粧。さささやかな桜並木の野原に仰向けに寝る。そよ風に一枚の桜の花びらが年を経た山桜のこずえから静かに舞い下りるのを手でそっと受けとる。少し風が強まると、花吹雪が鮮やかな新緑の木々の姿をかくしてしまうほど。無心にさえずるすずめ、ひばりの合唱に、時折、うぐいすが加わる。八重桜がピンクのつぼみをふくらませ、つつじも小さなつぼみ。

シモーヌ・ヴェイユはどのような気持ちで、ロンドンの初春の花々を眺め、両親に便りを記していたのだろうか？　花吹雪の中、六五年以上前の異国の全く出会ったこともない一人の人間の想いが、私自身のことのようにリアルに想われた。

シモーヌ・ヴェイユは、ニューヨークの両親と別れるとき、死を覚悟し、決意していた。占領下のフランスに潜入し、地下活動（レジスタンス）に従事したいという願望、あるいはフランス内の前線に看護婦部隊を編成するという計画を実現するために単身ロンドンに乗り込んだシモーヌ・ヴェイユは死の危険にあえて飛び込もうとしていた。その計画や願いが「自由フランス」政府の軍人、政治家に拒絶され、代わりに与えられた「フランス再建のための提言」の執筆に全力を尽くしていたのが一九四三年、ロンドンの初春であった。重くなっていく自分の病苦のことは一切両親に知らせず、さとらせないため、「ピンクと白の花々の咲きほこるロンドン」の美と自分の感動の想いを静かな言葉で伝えたのであろう。

肉体の死と直面していたシモーヌ・ヴェイユの魂は豊かであった。両親に「純金の贈り物」のことを記したシモーヌ・ヴェイユは、「黄金の鉱脈は尽きることはありません」という表現で、魂の無限の深さを示唆している。初春、シモーヌ・ヴェイユの心をときめかせた果樹の花々は、初夏、そして自分の死を迎える頃には次々と消えていく。花は散り、草は枯れる。人の世は草花の如し。これが日本の人々、そして世界中ほとんどの人々にとっての素朴な感情である。しかし、シモーヌ・ヴェイユにとっては、このはかなさこそ魂の永遠を感じさせる貴重な存在であった。

「絶対的に不動、永遠なもの、極度にはかなく、脆弱なもの、この両者は同じ強さで永遠性の感じを与える——星々と花咲きほこる果樹」

「貴いものの弱さは美しい。何故ならば、弱さは存在のしるしであるから」

シモーヌ・ヴェイユがこのように記したのはロンドンの初春を迎えたときより数年前のことであったが、マルクス、フィデル・カストロなど真の革命家と同質の革命精神と共に、類い稀なる純粋な魂の贈り物を与えられたシモーヌ・ヴェイユは、幼少の頃より、死の瞬間に至るまで、弱き肉体に秘められた魂の永遠性を尊び、真理と美、人間と人間社会の善（このことこそ真の革命）を無限に追求していった。このことが私にとってのシモーヌ・ヴェイユの贈り物である。

2 ✷ 魂のふるさとを求めることの大切さ

満開の白梅、紅梅が春を告げる榛名高原の四月上旬、ロンドンからシモーヌ・ヴェイユの三冊の本が届いた。日本語訳で読むとシモーヌ・ウェイユは判りにくいので、英訳本で理解しようと思い、娘にインターネットで注文してもらった古本である。『根を持つこと』は一九四九年に"L' enracinement"と題してフランスで出版されたが、"The Need for Roots"と訳された英語本は、その三年後一九五二年にロンドンで出版され、イギリスの秀れた詩人・評論家であるT・S・エリオットが序文を記している。

シモーヌ・ヴェイユが一九四三年のロンドンの初春、夢中になって執筆したのが、この『根をもつこと』である。『抑圧と自由』は一九五五年にパリで出版され、私に届いた英訳本"Oppression and Liberty"は一九五八年にロンドンで出版され、イギリスのアングリア（Anglia）大学図書館の蔵書印が記されている。この本の中心は、一九三三年に執筆された「自由と社会的抑圧の原因についての考察」という論文であるが、私が特に関心を抱いて読みたいのは、シモーヌ・ヴェイユが『根をもつこと』と同じ頃、死を予感しながら必死に執筆した「マルクス主義学説というものは存在するか」と題された論文といくつかの小論文である。他の一冊は、リチャード・リースというイギリス人による『シモーヌ・ヴェイユ――肖像のための素描』という簡潔な伝記である。私が、初めてシモーヌ・ヴェイユの著作に接したのは一九七六年、ウィーンの本屋で買った『神への途』（"Gateway to God"）と題するシモーヌ・ヴェイユの論文集であり、この中には、ちょうどシモーヌ・ヴェイユ没後三〇周年の一九七三年にイギリスのＢＢＣで放映されたシモーヌの兄、アンドレ・ヴェイユのインタビューが収録されている。少女時代のシモーヌの写真を表紙に飾ったこのペーパーバックの本は何故かとてもひかれる本で、世界中、あちこち持ち歩いている。この正月休みに遊びに来た娘が、この本を見て「あっ！　この本知ってる。読むと頭が痛くなる本でしょう？」といいながら、やはりひかれるらしく、その中の「神の愛についての思索」という論文をコピーして持ち返ったが、先日「神の愛についてのシモーヌの思想はとても深いわよ」と感想を述べていた。

「私達は限りある存在であるが、私達の中にある悪も限界がある。だから（神の）恩恵が与えてくれるエネルギーをもらって、善きもの、真理に対して私達の注意をふりむける努力をし続けるならば、純粋なものとの出会いによって、悪を変貌させてしまい、この世においても、悪から解放される。このことは、誰でもできることだ」

シモーヌ・ヴェイユはこのように「神の愛」を語っているが、そのことを、人間が直面する様々な局面（苦難、時間、偶然、美など）に則して、シモーヌ・ヴェイユの確信を断片的に記したのが『重力と恩恵』（“Gravity and Grace”）であり、私がこの本に出会ったのは、二〇年以上も前（一九八九年）になる。

『根をもつこと』を読み始めてみて、改めてシモーヌ・ヴェイユの直観の深さに驚くと共に、その意味を理解するためには、数ヶ月あるいは数年でもたりない。日々私の命にも限界があるのを感じるので、シモーヌ・ヴェイユ、プラトンと共に魂の不滅を信じ、死後も私の魂が成長することができれば、シモーヌ・ヴェイユの賜り物をより正しく理解できるかも知れないというのが率直な想いである。秀でた知性と感性に恵まれたT・S・エリオットも『根をもつこと』に寄せた序文の中で、「シモーヌ・ヴェイユの深い直観と驚異的な独創性に豊んだ著作を理解するためには、繰り返し、繰り返し読むことが必要である」と記している。また次のようにも記している。

「この本は、本来人間社会と政治のあり方についての稀なる書であるが、政治家は決して読んだり、理解できる種類の書ではない。この世の喧噪に毒されず、思考能力を喪失していない若い人々に読まれ、現代ではなく未来の世代に生きる人々の対応に影響を与え、反映されるべき運命をもつ書である」

シモーヌ・ヴェイユの死後六年経って出版されたが、この本が献呈された「自由フランス」の軍人、政治家（ド・ゴールを含め）に完全に無視されたと思われ、またその後、フランスそして欧米の知識階級からも正しい理解を得ていないのではないだろうか。私はふとイギリスの文人、オスカー・ワイルドの遺作でもある『深淵より』（“De Profundis”）を想い出す。オスカー・ワイルドが誤った裁判の結果獄中の人となり、獄中の苦しみの中で、広い野原で見つけた宝物のような謙虚な心を発見した深い想いを記したこの書は、オスカー・ワイルドの死後数年経って（一九〇六年）その一部が出版されたが、全体が出版されるには数十年の年月が必要であったという数奇な運命の書であるが、当時も現代においても、この書にうもれているシモーヌ・ヴェイユと同質の純粋な魂と直観を理解する人は少ないのではないだろうか。

届いたばかりで、まだ十分に読んでいないが、私の印象を記させていただきたい。まずタイトルであるが、確かにフランス語も英語も「根」をもつことの必要性という意味であるが、本の内容、シモーヌ・ヴェイユの想いを考えると私は「魂のふるさとを求めることの大切さ」と意訳すると、この本の意義がよりよく伝わるのではないかと思う。そのことを簡単に述べてみたい。

アーサー・ヘンリーの『ルーツ』の中では、自尊心を持つ黒人による奴隷制度反対の動き（心理）が指摘されている。『ルーツ』は正に根こそぎにされたアフリカ黒人の奴隷の宿命を告発した書であるが、実はシモーヌ・ヴェイユの思想においては、「奴隷」と奴隷制度は中心的、枢要な役割を果たしている、大学教授資格を有するエリート教師の身分でありながら、自らの決然とした選択による工場労働者の体験により、一生つきまとう「奴隷の刻印」を心に刻みこまれたシモーヌ・ヴェイユは、誰よりも奴隷の心理（忍従）を理解すると同時に、奴隷制度を厳しく告発している。

『根をもつこと』の第一章は「魂の必要とすること」と題されているが、その最後の「真理」の項の中で、奴隷制度を正当化するような歴史上、現代の思想家を公開の裁判で弾劾すべきであると提言している。

少年のホセ・マルティはハバナの街角で、奴隷が鞭打たれる姿に大きな衝撃を受け、「世界にあふれる悲惨の中で最大の悲惨は奴隷である」と記している。フィデル・カストロがローマ法王ヨハネ・パウロ二世歓迎式典で激しく奴隷制度（と植民地支配）による略奪を告発したことは『ひとりから』46号に記させていただいた。私は、タンザニア勤務中、首都ダレサラム近郊の小さな漁村を訪れたことがある。アフリカの大地から根こそぎにされ、アメリカ大陸に連れ去られるタンザニアの黒人奴隷が船に乗せられた当時の施設が残されていた。青々と広がるインド洋を前に、朽ちるままに放置されている奴隷制度の遺骸を見て、私の心は重く沈んだ。一九八八年のことであった。

その十年程前に勤務していた南アフリカでは、今は消滅したアパルトヘイト（人種隔離制度）が厳然として存在していた。自らが生まれ育ったアフリカの大地に住みながら、白人によって、動物の如く、奴隷の如く扱われ、酷使されていた黒人の悲惨な状況。しかも、アメリカ、日本そして国際社会はこの不義を半世紀近く放置し、イスラエル、アメリカは南アフリカの白人政権の核開発を援助し、南アフリカは世界が知らないうちに核保有国になっていた。シモーヌ・ヴェイユが長生きして、広島・長崎の悲劇とアパルトヘイトによる根こそぎの悪業を知ることがなかったのは幸いであった。

『根をもつこと』は三章から成り英訳本でも二八八頁の大著である。第一章は「魂が必要とするもの」と題し、人間の義務（と権利）を論じ、第二章は「根こそぎにされること」と題し、フランスの歴史を中心に国、地域、社会における「根こそぎ」の状況を分析し、第三章は「根をそだてること」

と題し、人間の魂にとって最も重要な「根」をどのように育てられるかについて独創的な考えを記している。

シモーヌ・ヴェイユは当然のことながら、人間ひとり、ひとりが欠かすことのできない「根」として、祖国や故郷、伝統、文化の重要性を指摘し、この「根」を破壊する戦争、征服、奴隷制度、更にはフランスの伝統を破壊したという理由でフランス革命まで厳しく批判している。しかしながら、シモーヌ・ヴェイユが何よりも尊重しているのはひとりひとりの人間の魂の問題であり、T・S・エリオットもそのことを特記している。孤独な魂のシモーヌ・ヴェイユにとって、近代社会がもたらす集団性の悪ほど嫌悪すべきものはない。二〇世紀の人間にとっては、単なる歴史、文化、伝統の破壊、断絶が問題ではなく、一九世紀以来急速に進展する産業革命（資本主義！）によって、ヨーロッパ、アメリカのみならず、日本のような非西欧諸国においてすら、人々がプロレタリア化し、精神的に根こそぎにされてしまっていると論じている。

シモーヌ・ヴェイユの独創性と洞察が発揮されるのは、その解決には、人と国家の魂をかえることしかないことを論じる第三章「根をそだてること」である。私はこの第三章はまだほとんど読んでいないが、パラパラと頁をめくって目に入ってきた文章の中に、「魂のふるさとを求めることの大切さ」を必死な想いで記した次のような内容のものがある。

「福音書に記録されているイエス・キリストの奇跡や言動の信憑性を論じることはあまり意義はない。ヒンズー教やチベット仏教の中にも特別な才能に恵まれた聖者がいた。キリストについていえば、キリストが通常の人間の世界の枠外に生きていたことは明らかであり、キリストの人格の完璧さ、生涯の純粋さ、キリストのことばの完璧な美しさ、更に、キリストが力と能力を示すのは、あわれみの心情を表す場合に限られていたなどの事実を見ればキリストが悪からではなく、善なるものからの力を得ていたことが明らかである。キリストを証明するのは、美と純粋さと完璧さである。善なるものを証明するのは美のみである」

シモーヌ・ヴェイユは神学者ではなく、革命家である。シモーヌの本当の関心である美しいキリストの人格とことばから人と社会が学ぶべき教訓について次のように記している。

シモーヌ・ヴェイユは戦時中、ロンドンの初春、ピンクや白の果樹の美しさに心をときめかせながら書いたのではないだろうか。

「福音書では、世界の出来事はある摂理によって支配され、それは人間ではなく一個のメカニズムのように描かれている。例えばキリストは弟子達に、自ら労することなく生きている『空の鳥、野のゆりを見よ』と語っている。このことは、神の目から見れば、聖人達をとりまく孤独は、鳥やゆりと同質のものでなければならない。植物が樹液をくみとり、花に開花するように天然の法則に従わなければならない。天然の法則は美しく配置されており、人間の世界に適用されれば、まず神の国を求める決意は必ずしも死を意味することにならない。神は、一羽の鳥、一つの花、ひとりの聖人を同じように見守っており、被造物には神の意志に一致することが求められる。この聖なる摂理こそ世界における不変の秩序の基盤となっているという思想は、福音書（キリスト教）のみならず、中国、インド、ギリシャの聖典にも記述されている。残念なことに、キリスト教はローマ帝国の国教に採用されて以来、神と聖なる摂理の持つ非（超）人間的な性格が後退させられ、更にローマ帝国の奴隷制度が全ての人間関係を低俗なものに変貌させた」

人と社会の魂が変わるためには、「ひとりから」が鳥や花のようにならなければならないというシモーヌ・ヴェイユの直観は、世俗の人から見れば単純で非現実的としか思えないが、真の革命家シモーヌ・ヴェイユにとっては、魂のふるさとへの途であった。その途の厳しさを三四年の生涯を通じて体験したシモーヌ・ヴェイユは『根をもつこと』の最後の部分で次のように記している。

「人間は自らの意志によって、摂理に従順に生きる世界から離脱してしまった。神はその罰として人間に労働と死を与えた。もし人間が積極的な気持ちを持って労働と死を受け入れることができれば、人間は再び高貴な善の世界、すなわち神の意志への従順に戻ることができる。死を受け入れることは抽象的にではなく、死が間近に迫っている時にのみ、現実的な力となる。肉体労働は日々の死である。人間の知性は過去から未来へ、時間の中をあわただしく動くが、労働は物質のように時の流れに従順である。動くことなき物質の受け身の姿は、自然の美しさと共に神への従順を示す。労働の持つ精神的意義は深く、これと比べれば、芸術、科学、哲学など人間のその他の活動、行為の意義は劣っている。人間の社会において精神的な中軸となるべきものは肉体労働である」

鳥と花に化身してしまったかの如きシモーヌ・ヴェイユは生身の人間に戻る。

3＊尊厳は人間の権利ではなく義務。そのことが革命を育てる鍵？

時は移り、榛名高原の春は鮮やかなつつじの季節を迎えた。労働者の祭典メーデー。テレビでハバナのメーデー行進の模様を見た娘が手紙をくれた。「ものすごい人！　キューバのように連帯精神の強い国はない。キューバは全然変わってないわ」。その娘に「お父さんの文章は、尊厳とか正義とか固いことばと形容詞が多いのが欠点ね」と時折、注意されるので、今回はできるだけ気をつけたが、あまり成功していない。シモーヌ・ヴェイユは私の想像を絶するような神秘的経験と肉体の苦難を克服し、超自然的な思想とことばの持ち主なので、固くなってしまうのもご理解いただきたいと思う。

高原の野原は、黄色の菜の花を背に、ピンク、赤、白などのつつじの花が美しい。やさしい花を咲かせた桜の木には濃い緑の葉が日に日に大きくなり、となりにあるかえでの木のうす緑の葉と微妙なコントラストを示しながら、春の陽光に輝いている。ロンドンの春は、大きな花びらの豪華な色彩のロードデンドロン（つつじの種類）が公園や広場に咲き誇っている頃だろうか。一九四三年五月初旬、進行する結核のため入院してしまったシモーヌ・ヴェイユは、ロードデンドロンの花々を賞でることはできなかったであろうが、自ら、花や鳥になったような魂は、自分の肉体、生命、更には自らの魂の救いよりも、同じ人間の運命、生きるためのパン、善き社会のあり方を必死に考え続けていた。

『根をもつこと』と同時平行して執筆していたと思われる未完の論文、「マルクス主義学説というものは存在するか」の内容も同じであるが、実は、『根をもつこと』の第一章「魂が必要とするもの」は観念的な論調ではなく、生きるためのパンと同じように人間の魂にとって必要不可欠なものを育て、守る人間の義務について確信とパッションを持って訴えている。幼少の頃より「上海のストライキ、中国の飢えている子ども達」に同情し、第一次世界大戦中は、「前線の兵士は食べていないから」といっておやつのチョコレートを食べず、ロンドンの病院でも、「占領下のフランス人の日毎の食料」しか食べようとしなかった。

日本では実存主義哲学者として尊敬されているカミュ、サルトルと共に知られているシモーヌ・ドゥ・ボーヴォワールは、ソルボンヌ大学の校庭でのシモーヌ・ヴェイユとの出会いの模様について次のように記している。

「シモーヌ・ヴェイユは今日の世界で重要なことは、あらゆる人々に食物を与える革命だけだと断言した。私（ボーヴオワール）は、大切なのは人々の幸福を作り出すことではなく、人々の生活に意義を見出すことであると反論した。シモーヌ・ヴェイユは、私をじろりと見て、あなたは一度もおなかをすかしたことがないことがよく分かると答え、私達の交際はそこで終わった」

真の革命にとって、生きるためのパンと魂のパンの双方が不可欠であることを確信し、生涯、説き続けたシモーヌ・ヴェイユは、人類の歴史において稀有な存在だと思う。シモーヌ・ヴェイユよりほぼ半世紀前のホセ・マルティは同質の存在であるが、ホセ・マルティを血肉化してキューバ革命を育て、守り続けているフィデル・カストロの中に、シモーヌ・ヴェイユの魂、精神が脈々として生き続け成長している。私は、ハバナのメーデーを三回体験した。フィデルのすぐ近くの席で見た三時間近く続く、数十万のキューバ国民の整然とした行進。その印象を表現するには「尊厳」ということば以外にはない。全国民とキューバ全土の消滅を覚悟したキューバ・ミサイル危機の時にも、フィデルはキューバ国民の「尊厳」(dignida)に対する誇りを語った。『ひとりから』43号に紹介させていただいた昨年(二〇〇九)メーデーの時のフィデルの「思索」が感動的に語ったキューバ国民の「私達の全てを与えなければならない」との決意を形容するのも「尊厳」である。

フィデルとキューバ革命の同志にとっての「尊厳」とは、自らの権利ではなく、他の人々、祖国の理念のために自らの命をすてることを意味する。アパルトヘイト撤廃の火を燃え立たせる役割を果たした南アフリカのソウェト暴動の地を訪れたフィデルは、暴動によって生命を犠牲とした南アフリカの若者の勇気をたたえ、「ソウェトはアフリカの尊厳発祥の地である」と述べたのも同じ想いからである。シモーヌ・ヴェイユは「尊厳」ということばの代わりに「尊敬の気持ち」の大切さを語り、尊敬すべき人間の命と魂を守ることこそ、人間(国、人類)に課せられた義務であると論じている。

４＊魂が必要とするのは権利ではなく義務

『根をもつこと』の第一章「魂が必要とするもの」の最初の文章は、「義務は権利より優先すべきものので、権利は義務に従属するものである」と宣言している。この確信に満ちたシモーヌ・ヴェイユのことばを読んで本当に驚いた。アメリカ独立宣言、フランス革命の人権宣言、世界人権宣言、そして日本の平和憲法も人間の生まれながらの貴い権利を掲げているにもかかわらず、「世界の悲惨と狂気」（二〇一〇年四月二五日付フィデルの「思索」のタイトル）が加速化しているのは、権利のみを主張する人間と国家、社会のあり方が根源的なところで誤っているか狂っているからなのかも知れない。

義務こそ人間の魂にとって不可欠な糧であることを訴えるシモーヌ・ヴェイユの考えを私なりに理解、要約すると次のようになる。実は、『根をもつこと』は「人類の義務についての宣言プレリュード」というサブ・タイトルがつけられている。

「権利は義務に関連してのみ意義を有する。権利の行使を効果あるものとする力は権利を保有する人間から出てくるものでなく、その人間に対してある義務を抱く他の人間から出てくる。義務を認めることによってのみ権利は効果を持つ。宇宙に孤立した人間は何ら権利も持たないが、自分自身に対する義務を含めた義務のみを有する。権利はいかなる場合にも一定の状況に関連しているが、義務は状況の制約から自由に存在している。義務は現実の世界を超えるものに根源を有しているため、あらゆる状況を超越した世界に属するものである。この世界とは、永遠、普遍的で無条件の世界であり、人間の魂の最も奥深い秘密に係わっている」

シモーヌ・ヴェイユのことばは、フィデルとキューバ革命の同志達の連帯精神、社会正義と人間の尊厳を守り抜こうとする決意、義務感の生々しい姿を想うと私には、強い説得力を持つ。シモーヌ・ヴェイユと同質の純粋さと情熱でフィデルを支えたハイディ・サンタマリアという女性革命家がいた。キューバ革命の発端となったモンカダ兵営襲撃（一九五三年七月二六日。イギリスでシモーヌ・ヴェイユの肉体が消滅してからちょうど一〇年後）の失敗で、一瞬のうちに、自らの弟とフィアンセの死を目撃し、自分も死の危険に直面してハイディ・サンタマリアはこう思った。「もし、自分が死んでも、同志が死んでも、フィデルが生きてくれれば、私達はフィデルの命の中で生き続けることができる」。

キューバ革命の同志達がこのような確信を持って、単なる意志や思想の自由でなく、正義実行の自由・権利を行使できたのは、彼等のために命を捨てる覚悟と義務感をしっかり保有していたフィデルの存在があったためである。また、アメリカ（ＣＩＡ）の計画と策動により中南米諸国の傭兵がキューバに侵攻してキューバ革命を破滅させようと試みた一九六一年四月のヒロン湾の戦闘において死亡したキューバ兵の一人が、瀕死の重傷を負いながら、必死の覚悟で流れ落ちる自らの血で、建物の壁に「フィデル」と記して息をひきとった。その時の革命の同志達そしてチェ・ゲバラと共にボリヴィアの地で他国の革命（正義）のために命を捧げたキューバの人々、更に遠くアフリカの大地、アンゴラその他の国々で確固たる義務感をもって闘い、命尽きた革命家達は一人の例外もなく、自らの為に犠牲と責務の理念で奉仕するフィデルの存在があったためである。

このこと自体、人類の歴史上、稀有なことと思われるが、更に奇跡的だと思われるのは、フィデルが育てたキューバ革命によるキューバという国家（集団）が、シモーヌ・ヴェイユが説く、人間の魂の奥深い秘密に係わっている永遠で普遍的な義務の思想（正義、尊厳）の力で、ひとり、ひとりのキューバ国民の生命と魂を守り続けていることである。国家（集団）が、ひとり、ひとりの人間（国民）の魂を守る神聖な義務を果たすべきことについて、シモーヌ・ヴェイユは、現実の人間社会では、そのことが実現されないのではないかとの悲愴な想いを込めて、次のように論じている。

「一七八九年の人々（フランス革命の指導者）は、永遠、普遍的な世界を認めることができず、理解したのは人間のレベルの事柄だけで、そのためこれらの人々は、権利の思想から出発した。しかしこれらの人々は、同時に、何か絶対的な原則を宣明したいという欲望も捨て切れないため、その矛盾によりフランス革命の人々の言語や思想は混乱の状況に陥ってしまい、そのことが現代の政治的、社会的混乱を招いている大きな原因となっている」

シモーヌ・ヴェイユが直面していたのは、人の魂を無視した国家によるナチズム、日本を含む世界各地のファシズム、退廃の世界であったが、現代の危機的状況（自由、人権を唱えるアメリカによる自らの国民、世界の弱き人々、国民の尊厳を踏みにじる姿、日に日に加速化する資本主義消費社会による人間の魂の破壊など）を見ると、シモーヌ・ヴェイユの洞察は正しい。国家、集団の人間の魂を守る義務についてシモーヌ・ヴェイユは生きるパンと対比させて、次のように訴えている。

「人間が他の人間（人類）に対して保有する義務の根拠はただひとつ、人間が永遠の価値ある運命を背負っており、それ故に、人間に対する敬意（尊厳）を持つ必要があるということである、この義務は人間の永遠なる運命と共に存在する永久的な性格のものであり、習慣、歴史的伝統、法体制、現実の社会体制などに依存するものではない、それは無条件に存在するものであるが、人類共通の良心、長い歴史に記されてきた様々の聖典によって証明され、私達の進歩の度合いを測定するのは、正にこの義務がどのように果たされるかによる」

「この義務を効果的に果たすためには、単に形式的ではなく、現実的な姿で、すなわちこの世における人間の地上的な必要に対処するという形で実現されなければならない。一番根底となるのは、人間社会のただひとりの人も飢えから死亡させてはならないということであり、人間に対する義務の具体的内容には、飢えに等しいような絶対的な必要性を満たすもの、例えば住む家、着る衣服、ヒーティング、衛生、医療、暴力の防止（治安）などが挙げられる。更に、人間の肉体杓必要性と直接関連しないが、魂の生命にとって不可欠な糧を守ることも人間に課せられた義務であり、例えば、奴隷制、強制移住、大量殺害、征服など様々の残酷な行為によってこのような糧が与えられないか奪われる魂は、次第に植物のような、死者に等しいような存在に転化する」

シモーヌ・ヴェイユは「魂が必要とするもの」（『根をもつこと』第一章）において、具体的な魂の糧の例として、秩序、自由、順守、責任、平等、階層、名誉、処罰、言論の自由、安全、危険、個人財産、集団財産、真理などを挙げているが、これらの糧を確保し、提供できるのは、個人としての人間だけでなく集団の力が必要であり、義務をめぐる個人と集団のデリケートな関係について次のように論じている。

「義務に束縛されるのは、本来、人間のみであり集団としての義務というものは存在しない。しかし、私達は人間に対して抱くべき敬意と同じ敬意を国家、家庭などの集団に対しても抱くべきであるが、それは、集団そのものに対してではなく、その集団が人間の魂に何らかの糧を提供してくれるためである。そのような集団は、他のものに代えることのできないユニークな存在として、過去の歴史に根をもち、未来に向かって進んでいく継続性を有しており、深い敬意を払う必要があろ。このような集団こそ人類が蓄積した精神的な宝物を保存し、死者が生者に語りかけることの出来る唯一の手段である。そして人類の永遠の運命をこの世において証明する唯一のものは、世代から世代に継承されてきたこの運命を深く認識することができた人々が放射する光のみである。人間の魂に糧を与える代わりに魂を食い殺すような集団は外科手術によって改善できなければ、破壊されるべきである」

「生きるためのパン」を追求する革命思想が魂と精神と密接に関連しているこのようなシモーヌ・ヴェイユの理想は、フィデルとキューバ革命の実態に照らして見ると強いリアリティ、現実感を持ってくる。「私達の進歩の度合いは尊厳ある人間に対する義務を、人間と集団がどのように果たすかによって測定される」というシモーヌ・ヴェイユの洞察はその通りだと思う。人類の文化、文明は、富国強兵、経済成長ではなく、人間の霊魂の状況如何による。人間を尊重し、勇気をもって社会正義を実行し、真理を愛することのできる人々の心である。

キューバ革命という外科手術によって生まれ変わったキューバとキューバ国民の進歩と文化に対するフィデルの誇りは、ローマ法王ヨハネ・パウロ二世歓迎式（一九九八年一月二一日）の次のような確言に満ちたことばに示されている。

「キューバは、不平等が少なく、保護を受けない人が少なく、学校に行かない子どもが少なく、病院に行けない患者が少ない国である。また、法王がこれまで訪問したどの国よりも、一人当たりの医師、教師が多い国である。法王の自由な発言に耳を傾ける教養の高いキューバ国民は、高度の文化的政治的教養に富み、自らの理想と思想に確信を抱く人々であり、キューバ国民ほど法王の優れた思想を理解することのできる国民はいないであろう。そして、このことは、キューバにおける富と権力の平等な配分、人々の団結を証明するものであるが、このことが、世界全体に拡大されることを私は願っている」

フィデルがこのように信頼し、敬愛するキューバ国民は、見事な秩序、真摯な敬愛、尊厳ある態度でローマ法王を歓迎し、「ローマ法王のキューバ訪問によって、キューバ革命が二～三時間の間に崩壊することを予想（期待）した西側マスコミの偏見と観測（フィデルのことば）」を葬り去ってしまった。日本そして世界各国に、このようなリーダーと国民が現われるのはいつのことであろうか。

シモーヌ・ヴェイユが訴える義務によって結ばれているのがフィデルとキューバ国民である。最近（二〇一〇年）四月八日付けの「思索」は、第九回キューバ青年共産主義者連盟会議をテレビで見たフィデルの感慨深い思いを記しているが、その中で、義務、肉体労働の重要性にもふれて、次のように記している。

「青年達が議論し、思想を闘わせている様子をテレビでフォローすることは、私の困難に満ちた長い人生においても、最も感動的な瞬間であった。革命家は世界に満ちている無知と闘うために、自らの人生の全ての瞬間を費やすことを義務と感じる必要があり、そうでなければ、思想や価値観は何の意義もない。ますます複雑に変化する世界においては、あらゆる国民の根本的な義務は、労働し、社会が必要とする物的資材を創出することである。キューバ革命は、教育、知識の全国民への普及や訓練に努めたが、同時に社会が必要とする労働、仕事に従事する『神聖な義務』を大切にしてきた。ホセ・マルティの教育理念に基いて、肉体労働が教育と人間の健康の両面にとって重要であるとの考えで、初等教育の段階から学習と労働を共に行なうように努めてきた。

社会主義建設を目標とするキューバにおける政治的責任（義務）は、無知や軽薄さと両立するものでなく、ひとりひとりの人生は個人の欲求に従ってのみ営まれるものでなく、国家による教育の恩恵にもよるものであり、例えばキューバで大学教授になることは、義務を課せられることであると宣言される」

数多くのキューバ人医師が義務感と使命感に燃え、世界各地で献身していることは『ひとりから』に幾度も紹介させていただいた。国家元首になったフィデルが、若年の頃からチュ・ゲバラなど革命の同志達と共に、砂糖きび畑での肉体労働に奉仕し、国民を励ましてきたこともよく知られている。

フィデルはシモーヌ・ヴェイユが理想とするような人間に対する義務感を徹頭徹尾貫いている革命家である。

ほぼ五〇年前、革命を実現し、ハバナに入ったフィデルは、熱狂的に歓迎する国民に対し、次のように語りかけた。

「革命を成し遂げたわれわれは、何よりも最初に何故革命を実行したのかをわれわれの心に尋ねることが必要だ。野心のため、権力のために革命家になったのであろうか。あるいは純粋な無私の精神から、喜んで犠牲を覚悟して革命を起こしたのであろうか。真剣な革命家としての義務を果たすために妨げとなる全てのものを拒絶する覚悟を最初から持っていたであろうか。キューバの将来、われわれの国民の将来は、このようなわれわれの良心の問いかけに大きく依存している」

フィデルの国民ひとりひとりの良心に対する真剣な魂の問いかけに、キューバ国民は見事に応え、この半世紀の間に、国民の生命と魂の糧を豊かに提供できる国を造り上げた。フィデルは本年（二〇一〇年）三月二四日付け「思索」で、アメリカ下院における医療改革法案の成立を評価すると共に、次のような感慨深い想いを記している。

「アメリカの圧倒的多数の国民に対する医療保険の必要性が認められたことは歓迎すべきである。しかしながら、ルソーや一八世紀フランスの百科全書哲学者達の革新思想に基いて一七七六年七月四日署名されたアメリカ独立宣言から二三四年の年月が経過していることは驚くべきことである。革命思想は、その後一七八九年七月のフランス革命、あるいはアメリカ独立後半世紀も経って、流血をともなう戦争の結果、ようやくリンカーンが奴隷解放を実現したが、キューバは、人類の歴史上最強の帝国（アメリカ）による非人道的な経済封鎖にもかかわらず、半世紀も前に、すべての国民に対する完全な医療保険を実現している。しかし、私（フィデル）は、世界の三分の一以上の人々が医療保険や基礎的医療品の恩恵を受けることができないまま生存していることを憂慮しており、この状況は、人口増加、食糧不足、森林・耕作地の減少、環境破壊そして気候変動などにより悪化することは確実であり、オバマや世界のリーダーの責任は重大なものがある」

5＊シモーヌ・ヴェイユは義の勇者、真の革命家

シモーヌ・ヴェイユが「魂が必要とするもの」の中で、「人類の永遠の運命を深く認識することができた人々が放射する光」の役割を語った時、自分がそのような使命を与えられているという明確な自覚を持っていたと思うが、私が「世界の無限の悲惨を背負う人」と表現したフィデルも、同質の光を放射する人なのであろう。

シモーヌ・ヴェイユが体験したロンドンの春が、果樹の花々、クロッカスの花開く三月から、黄金色に輝く水仙の花が樹木の緑に映える四月に移る頃、ロンドンの病院に入院したが、病床でも、ひた

むきに『根をもつこと』を書き進めていたのではないだろうか。フィデルが闘病生活の苦難の中から、必死になって書き続けている「思索」にも、シモーヌ・ヴェイユと同じ切迫感と真剣さを感じる。

八月、シモーヌ・ヴェイユが臨終を迎えるケント州アシュフォードのサナトリウムに移された頃、イギリスの緑の大地は鮮やかな美しさにあふれ、野原には香りが満ちていたことであろう。私もアシュフォード近くで夏を過したことがある。その時より五年前、一九三八年春、シモーヌ・ヴェイユはフランス、ソレムの修道院でグレゴリア聖歌に感動したり、一七世紀イギリスの詩人ジョージ・ハーバート（George Herbert）の「愛」と題する詩に出会ったりした時、神秘的な体験をした。シモーヌ・ヴェイユが引用しているのではないが、ハーバートの「花」と題する詩に次のようなことばがある。

「過ぎ去った冬の寒さを思うと、春の花に再び会えた喜びは深い。私のしぼんでいた心が再び緑に萌え出すとは！　朽ちた私の心は土の下に埋もれていた。それは盛りを過ぎた花が、その母なる樹の根元に散っていくのに似ている。そこで花々は共に、厳しい冬の間中、世界には存在しないように見えながらも生きのびている」

私は、死を迎えたシモーヌ・ヴェイユの魂は、この詩人の心よりはるかに深く、花の如き弱き魂の永遠性を確信した勇者、勝利者の想いではなかったかと思う。

私が感じるシモーヌ・ヴェイユは、あらゆる種類の人間を超越する不思議な存在である。「イーリアス」「エレクトラ」などのギリシャ悲劇を愛し、自らも「救われたヴェニス」と題する未完の悲劇を残した文学者であるが、例えば感覚に生きたアンドレ・ジイドを厳しく批判する。精神の深さ故、リルケ、キーツ、キェルケゴールなどの詩人、思想家に比較されることもあるが、シモーヌ・ヴェイユはこれらの思想家に欠ける、他者、社会への深い関心を持ち続けた。十代から社会主義、労働運動、革命に関心を抱き、スペイン内戦の義勇軍に参加したシモーヌ・ヴェイユは、その透徹した思想により、平凡な社会主義者とも異なる。アランという哲学者に学んだ哲学教師シモーヌ・ヴェイユは、プラトンなどのギリシャ思想に造詣が深く、スピノザ、カント、デカルト、パスカル等近世ヨーロッパの哲学にも詳しいが、例えば、パスカルについて「彼は決して確信に到達しなかった。彼は自分の力で信仰を得ようと努めたから、決して信仰を受けたことはない」と厳しい。

シモーヌ・ヴェイユは臨終の地となるサナトリウムに、プラトン、キリスト教神秘主義者の著作を携行したと記録されているが、十字架の聖ヨハネ、エックハルト、アウグスティヌスなどの神秘主義者に欠けていた「生きるためのパン」を確保できる社会の革新・革命への情熱を最後まで追及し続けた。キリスト教の伝統と思想に育てられたシモーヌ・ヴェイユは、人と世の罪、悲惨を背負う人としてのキリストへの信仰は絶対であったが、洗礼を拒み、カトリック教会の歴史と組織を激しく批判し、できる限り「神」ということばを使わず、「完全なる善」「美」「真理」を一途に求めた。そして、そのような魂の糧を求めるシモーヌ・ヴェイユは、磁石にひかれるように、人間社会と人々の悲惨、不幸を自らの責務として荷う。そこには義務感という意識もなく、自分が刻印された摂理による運命を静かに受け入れ、その人類全体の重荷を背負っていくため、生命の終りまで、更に、永遠の魂の世界においても努力し続ける類稀なる存在であると思う。生身のフィデルに接し、今もフィデルの成長し続ける魂と対話している私にとって、シモーヌ・ヴェイユは、そのような義の勇者、真の革命家に他ならない。

「高貴に生きた人間、不滅となる価値のある人間は必ず不滅である。その人にとって、死は限りある存在を無限の存在に回復することを意味する」

ホセ・マルティのこのことばをシモーヌ・ヴェイユに捧げたい。

第10章

人類の将来を示顕する人

——人類の未来回復のための革命プレリュード

ボリヴィア訪問のフィデル・カストロ

1＊マルクス、シモーヌ・ヴェイユの理想を体現するフィデル・カストロ

東日本大震災、原発事故が象徴する世界と地球の危機、終末的状況の下で迎えた上州、榛名高原の春は重々しい暗雲に包まれた日々であった。前年（二〇一〇年）、生まれて初めての厳しい高原の冬越の後に迎えた明るく、美しい花々の姿はなく、山桜、八重桜、つつじなどの花々もひっそりと咲き、散っていった。半世紀以上前、ロンドンで死を直前にしていたシモーヌ・ヴェイユが、ロンドンの初春を飾る「果樹の花々のはかなさは、永遠を感じさせるものです」と記したような、自然が与えてくれる感動の力は弱々しいものに感じられた。二〇一〇年春の頃、ベートーヴェンが青春の輝きの中で作曲した「ピアノとヴァイオリンのためのソナタ作品24」（スプリング・ソナタ、ピアノ演奏はクララ・ハスキル）から毎日のように喜びと希望を与えられていた私の心は、この重苦しい日々では、むしろベートーヴェンが生と死の選択を迫られていた芸術家として最大の危機（ハイリゲンシュタットの遺書の頃）に作曲した「ピアノとヴァイオリンのためのソナタ作品30」の哀愁に満ちた曲、あるいは晩年の深い宗教的感情で作曲した「ミサ・ソレムニス」から慰めを得ることが多くなった。

私の精神を支えてくれるのは、ベートーヴェンの音楽と、フィデル・カストロの「思索」、シモーヌ・ヴェイユの思想、そしてティンデル（William Tyndale）訳の「ヨハネによるイエス伝」である。

シモーヌ・ヴェイユの著作の中で「根をもつこと」「抑圧と自由」などのまとまった書は、二〇一〇年春、ロンドンから届けられ、愛読しているが、この春には、同じく娘に頼んでネットで注文した三冊の書がロンドンから届き、重苦しい想いを慰め力づけてくれた。特に、ただ「ノートブックス」(The Notebooks)と題された六四八頁の大冊は、三巻に分類されているだけで、目次も項目も全くないシモーヌ・ヴェイユの生のインスピレーションを集約した魅惑的な思想に満ちあふれている不思議な本で、私は、とりあえず、末尾の索引だけを頼りに、マルクス、聖ヨハネなどに関するシモーヌ・ヴェイユの独創的な思想の展開に驚きながら読み、考えさせられている。もう一冊の"Selected Essays 1934-1943"には、シモーヌ・ヴェイユが燃え尽きるような短い生涯の最後にロンドンで書き、死後出版された論文も含まれており(例えば"Human Personality")、私にとっては、「抑圧と自由」に収められ、同じ頃ロンドンで執筆された「マルクス主義学説は存在するか」と併せて、シモーヌ・ヴェイユのマルクス観、そして、フィデル・カストロの思想と革命キューバの現実との係わりを考察するため真剣に学んでいる書である。そして、最も待ち望んでいた"On Science, Necessity and the Love of God"と題する論文集は、六月というのに榛名高原も三九度の猛暑に襲われ、空梅雨のまま夏を迎えた七月末にロンドンから届いたばかりである。幸い、この中の「神の愛についての思索」("Reflection on the Love of God")と題する論文のいくつかは、私が一九七六年ウイーンの書店で出会ったシモーヌ・ヴェイユのペーパー・バックの小冊に含まれており、この一～二年、私と妻が最も愛読し、その内容について毎日のように話し合っている。マルクス、フィデル・カストロとは全く関係なさそうに見えるこれらの論文は、シモーヌ・ヴェイユ、マルクス、フィデル・カストロの同質性と共通性を示唆してくれる。なお、ティンデルの英訳聖書についても一言ふれておきたい。

日本及び世界で一番知られ権威があるとされる英訳聖書は「欽定訳聖書」(Authorized Version)であり、私が長年、接してきたのもこのAuthorized Versionであったが、つい昨年、たまたまシモーヌ・ヴェイユの思想に再会した頃、一六世紀の英国の神学者で、英国人としては初めてギリシャ語から直接英語の新約聖書を完成させたウィリアム・ティンデルのことを知り、その中の「ヨハネによるイエス伝」を愛読している。ティンデルは、英国国教会(アングリカン)の牧師であったが、その当時、ラテン訳の聖書を聖職者と一部の知識階級が独占して、一般のイギリスの人々は聖書のイエスのことばに直接出会う機会が与えられていない状況に根本的な疑問を抱き、素朴な農夫、漁夫の人々が読めるような英語の聖書を作成しようと決意したが、英国国教会の上層部から反対され、やむなく、イギリスから亡命し、オランダを中心とするヨーロッパで研鑽を積み一五二六年に、英訳新約聖書を完成、出版し、その後も旧約聖書の英訳作業を進めて行くが、ねたみとしっと、権威に対する挑戦を不満とするキリスト教会(英国国教会、カトリック)による不当な逮捕、不正な裁判により、火刑に処せられてしまった義の勇者である。ティンデルはシモーヌ・ヴェイユ、マルクス、フィデル・カストロ、ホセ・マルティなどと同質の真の革命家でありティンデル訳の「ヨハネによるイエス伝」はやや古めかしいが判り易く洞察にとむ美しい英語で書かれている。

フィデル・カストロとシモーヌ・ヴェイユが深く尊敬する人間マルクスの著作、思想を詳しく紹介する紙面の余裕は全くないので、本章で記すのは、私の素朴な断想、スケッチにすぎない。

マルクスは、一七歳でギムナジウム（高等学校）卒業の時に記した「職業選択論」で自らの将来を予言するかの如く、次のように主張している。「われわれは、高貴な誇りをもてる職を選ばなくてはならない。人類の福祉とわれわれ自身の完成という二つの目的が両立させるために働くことが必要であり、可能である。歴史は、世界と社会全体のために働いて、自分自身を気高く向上させていく人を最大の偉人と名づける。われわれの行為は、静かに、しかし永遠に生きつづける。」若き日の理想主義を生涯貫徹し、人間解放のため激動の生涯と苦闘の中で、マルクスは人類の運命を深く認識できる人だけが放射できる高貴な光の力で、現在に至るまで、そして永遠に、人々の導き手となっている。

一八八三年、マルクスが六五歳でロンドンで亡くなってから、ちょうど六〇年後、一九四三年、ロンドン近郊のサナトリウムで三四歳の若さで亡くなったシモーヌ・ヴェイユは、革命家・哲学者マルクスより、正義感に燃え尽きた人間マルクスに深い敬意を抱き続け、多数の論文の中で真剣にマルクスの思想と格闘しているが、文字通り絶筆となった「マルクス主義学説は存在するか」の中でも厳しい分析の中から強く反射してくるのは、マルクスの特有の純粋な魂に対するシモーヌ・ヴェイユの同感と敬意の想いである。

一九四三年、ロンドンで執筆された“Human Personality”には次のような想いが記されている。

「人間の歴史には、ホーマー、ソフォクレス、シェイクスピア、あるいは少しレベルは低いがヴェルギウス、ヴィクトル・ユーゴなどの文人、あるはアリストテレスの如き一流の哲学者がいる。しかし、人類が必要とするのは、謙虚という超越的な徳を持つ真の天才である。抑圧された人々を助けることができるのは、聖人、天才と呼ぶことのできる真実の純粋さを保有する英雄だけである。必要なのは、例えば才能、能力の秀れたフランス革命の指導者のような人間ではなく、真の純粋な天才を、やさしい想いと敬意を持って育て、成長させることである」

シモーヌ・ヴェイユは、この論文では、そのような天才としてプラトンを例示しているが、他のエッセイでは、「プラトン、マルクス、パスカル」を挙げており、自らが、私が「真の革命家」と呼ぶ、「真の天才」であったが故に、死に至るまでマルクスに執着したのであろう。シモーヌ・ヴェイユが出会っていれば、必ず、フィデル・カストロとホセ・マルティも「真の天才」に加えたことであろう。

私がフィデル・カストロをマルクス、シモーヌ・ヴェイユと同質の「真の天才」「真の革命家」であると確信できるのは、わずか三年三ヶ月の短期間のキューバ滞在中ではあったが、数十回、生身のフィデル・カストロに接し、時には深夜までの真剣な対話を通じてフィデル・カストロが真実の魂、純粋さにより、世界の無限の悲惨を背負って自己犠牲的に生きている姿を生々しく感じることができ、その後も、数多くの演説の内容、そして現在も、永遠に続くとも思われる燃えるような「思索」の闘いを学ぶことができたからだと思う。また、フィデル・カストロとの出会いがなければ、マルクス、シモーヌ・ヴェイユの思想と魂にこれ程共感を覚えることは困難というより不可能だったと思う。

現在の終末的危機の状況においてこそ、人間の歴史と世界全体を掌に握る宏大な気宇を持ち、ある時は若々しき希望に心を躍らし、絶望の時には勇気と力を人々に与え、社会と世界の変革に燃えたつ人々を導くことのできる真の革命家が必要だと思う。そのような人は、己れを忘れ、世界を思うフィデル・カストロの如き義の勇者でなければならない。マルクス、シモーヌ・ヴェイユと同様に、フィデル・カストロは「神」や「信仰」のことはほとんど語らないが、魂の中心には「十字架にかけられたイエス・キリスト」の規範と倫理（犠牲の精神）があることは、フィデル・カストロが深夜の会談で、私に明確なことばで語っているとおりである。

マルクスは「資本論」全巻を完結することなく、また、社会主義革命（ロシア革命）の実現を見ることなくこの世を去り、シモーヌ・ヴェイユも祖国フランスからニューヨーク、ロンドンと亡命の苦難の中で必死に執筆した「根をもつこと」などの秀れた著作で訴えたフランスと世界のあるべき姿への回復（精神革命）の実現を見ることなく、永遠の世界の人となった。フィデル・カストロは、摂理により、マルクスとシモーヌ・ヴェイユが希求した真の革命に近づくようなキューバ革命を実現し、アメリカの侵攻（ヒロン湾の闘い）、ミサイル危機そしてソ連の解体、東欧社会主義の崩壊という巨大な危機を克服し、キューバ革命を維持、発展させ、その上、危機に直面する世界と人類の未来を回復するためのビジョンと勇気を人々に与え続けている稀有の存在であり、真の天才と呼べるマルクス、シモーヌ・ヴェイユの課題を体現していると考える私の深い想いを少しでも伝えたいというのが本章の目的でもある。

2＊革命キューバとフィデル・カストロの思想から観たシモーヌ・ヴェイユのマルクス論

「北鮮・イランをめぐる核戦争の危機」「NATOのリビア空爆」「人間と車の食糧争奪戦」などリアルで深刻な問題を論じるフィデル・カストロの「思索」を熟読し、学んでいる私が、七〇年以上前のシモーヌ・ヴェイユのマルクス論にひきつけられるのは、両者に共通する切迫感と真剣さである。

二人とも、己れの肉体的生命はいうまでもなく、自らの魂の救済をも忘れ、捨て去っているかの如く、当然の如く、弱き抑圧された人々の救済、人間の解放と善きあるべき人間の姿の回復のために真摯な思想の闘いと現実の生き方を貫いている純粋さが放射している力にひきつけられるからである。

私の想いをひとことでまとめれば次のようにいえる。「抑圧なき自由な社会実現のための政治・社会革命が真の力を発揮するためには、人間精神の革命が不可欠であり、そのためには、人間は超越的な力との結びつきが必要であることをシモーヌ・ヴェイユは認識していたが、マルクスは、自らの精神と魂は解放され、あるべき不滅の姿に回復されていたにもかかわらず、社会の改革・革命そのものにも人間回復が不可欠であることを十分認識することがなかった。自ら『マルクス主義者』と信じるフィデル・カストロは、シモーヌ・ヴェイユの理想を体現し、奇跡的ともいえる革命キューバを創造しつつある。それは『マルティを信奉する』フィデル・カストロの魂と精神が終始、マルティが体現していた超越的な力に導かれていたからである」。

超越的あるいはシモーヌ・ヴェイユが超自然的とよぶ神秘的な力に対する確信と体験がシモーヌ・ヴェイユの思想の根幹を成している。「マルクス主義学説？」と同じ頃、ロンドンで記した小論文では次のように断言している。

「この世における超越的なものは、密かで静かで無限小であるが、その働きは決定的である。超越的なものの実在を否定する人は、光が見えない盲人に似ている。盲人も人も光を食べないが、人の食べる果物は、重力にかかわらず、光によって天に向かって成長する植物や樹木の結実である。真に創造的な文明は、少なくとも一時的でも、純粋な超自然、この世の外にある真実のためのスペースを持っていた。良き社会の建設に必要な人間精神を助け、支えるのは永遠なものしかない。人間はこの数世紀の間、技術の傲慢さに麻痺させられ、宇宙の神的秩序が存在することを忘れてしまった。この偉大な真理を再発見するためには、苦難による謙虚さが必要であろう」

シモーヌ・ヴェイユは、謙虚なマルクスについて、次のように論じてもいる。

「マルクスは高邁な心の人で、不正は肉体的にマルクスを苦しめるような烈しさであった。マルクスの如き人間は、正義、善を求めるが、孤独には耐えられず、全能の同盟者、協力者が必要である。長年、人間が願っていた神の力、精神の保有する静かで、全能の力を信じることの代りに、マルクスが選んだのは物質であった」

このようなモーヌ・ヴェイユのマルクス批判に建設的な考えを提示しているのがフィデル・カスト

ロである。二〇〇〇年九月、国連ミレニアム総会の時、ニューヨークのハーレムのリヴァーサイド教会で次のように率直に語りかけたフィデル・カストロのことばは私が最も美しいと感じるフィデル・スピーチのひとつである。

「われわれにとって最も神聖な理念のひとつは連帯精神であり、われわれは世界が直面している悲劇を深く認識している。われわれは、キューバの子供と同様に、ハイティ、……アフリカそして世界のいかなる国の子供が孤独のうちに苦しんだり、死亡したりすると心を痛めている。人間を信じ、人間が高貴な感情を持ち、善良さと無私の精神を持つ可能性を信じることのできない人は、われわれのこのような気持ちを決して理解することはできないであろう。人類が、他の人間の苦悩を共感することができない限り、人類の意識が最高のレベルに達したということはできないであろう」

このように高貴な精神を持ち、無限の可能性を秘めた人間性が開花することを熱望するフィデル・カストロを支えるのは、シモーヌ・ヴェイユが訴える超越的な力に対するフィデル・カストロの確信である。フィデル・カストロの偉大さは、この精神を、現実の社会、世界で実現していることである。このハーレム・スピーチの中でも、次のように語っている。「キリストは「汝の隣人を愛せよ」と説いたが、われわれキューバ人はこの教えを実行している。アフリカ、中南米など世界各国で、キューバの医者・教師・技術者・労働者が国際連帯精神に基づいた活動を行ない、更にアンゴラの独立維持のため、南アフリカの人種差別攻撃と闘うため幾万ものキューバ兵士が闘った。キューバの人々は、他の国のように、鉱物資源などを目的とするものでなく、一片の土地をも獲保したことはない。キユーバ兵士が祖国に戻る時、持ち返るのは、死亡した同志の遺体だけである」。

　マルクスもレーニンもいかなる革命家もこのような超越的な力による現実の変革を実行することはできなかったが、シモーヌ・ヴェイユは誰よりも共感を感じフィデル・カストロへの敬意を深めるだろう。

　フィデル・カストロは、「私は、予言者でも神学者でもない」と述べており、超越的なことばを語ることの少ない革命のリーダーであるが、一九九九年の革命四〇周年の際、ヴェネズエラ大学での若き学生に対する講話の中で、次のように心情を語っている。

「ホセ・マルティのことば、『人類はわれわれの祖国である』の精神を心に感じとり、実行することが、われわれに課せられた任務ではないだろうか。自分自身ではなく、人類全体を考えよう。ホセ・マルティは、『世界の全ての栄光は、一粒のとうもろこしの種の中に入ってしまう』といっているが、ホセ・マルティは個人の栄光は、人間の虚栄心と自己礼讃に結びついていることを洞察していた。人間性に秘められた巨大な意義と個人を超越する価値、そして無限の宇宙の存在と比較すると、一人の人間の価値は非常に小さい。ホセ・マルティの思想は、偉大な個人の役割をむしろ無にするものだ」

「個人を超越する価値」を明確なことばで語るフィデル・カストロの魂の真の姿を反映するこの思想は、マルクスに異和感も感じたシモーヌ・ヴェイユの魂とぴったりと合うものだと思う。また、ホセ・マルティの「高貴な人の死は、不滅で永遠なものに回復する」ということばも説明されている。

　シモーヌ・ヴェイユは、「歴史上で存在し、現実の世界で接したほとんど全ての革命家、政治的リーダーは、初めから個人の野心のとりこになったままか、純粋な理想主義を抱いていた人も、権力の魔力により、純粋さを喪失するのみならず、権威主義、専制・独裁的に低落してしまった（レーニン、スターリン、毛沢東……）中で、一人、マルクスのみに希望をかけていた如くであるが、次のような厳しい分析をしている。

「革命家は自らを偽らなければ、革命の達成が自らを不幸にすることを理解できるはずである。何故なら、革命達成によって、生きる目的そのものを喪失するからである。このことは、人間による全ての欲求、願望と同じ運命である」この指摘は「神の愛についての思索」と題する小論文の中で、革命家を含め全ての人間は、このような「偽りの神」（願望）を捨て去る努力をしなければ、真実の神、真理、超越的な存在に出会うことができないと説いた一例である。

そしてシモーヌ・ヴェイユは、「マルクス主義学説？」の中で、革命家マルクスの思想を次のように批判的に分析している。

「マルクスは正義を熱望していたが、社会的状況は、正義を獲得するというより、正義そのものを考えることを妨げる程の必然性を持っていた。絶望を拒否する程、深い正義への願望を有していたマルクスは『弁証法的唯物論』のレッテルにより、正義を外部・社会からもたらすためには、社会の構造のメカニズムをプロレタリア革命によって改革させれば正義は自動的に人間にもたらされるであろうと考えた」

フィデル・カストロは、天才の直感で、革命の本質を理解し、若き頃より実践している稀有な存在である。一九五九年一月八日、キューバ革命成就直後、ハバナに進軍したフィデル・カストロは、国民と兵士に対し次のようなすばらしい語りかけを行った。「革命がこれから闘うべき革命の敵は、われわれ革命家に他ならない。革命を成し遂げたわれわれには何よりも最初に、何故革命を実行したのかをわれわれのこころに質ねることが必要だ。野心のため、権力のためあるいはわれわれの生活を楽にして、王様のような生活をするために革命家に成ったのであろうか。あるいは純粋な無私の精神から喜んで犠牲を覚悟して革命を起したのであろうか。真剣な革命家としての義務を果たすために妨げとなる全てのものを拒絶する覚悟を最初から持っていたのであろうか。キューバの将来、われわれ国民の将来は、このようなわれわれの良心の問いかけに大きく依存している」。三二歳の革命家フィデル・カストロが、即席のスピーチでこのように自己の心をのぞき込むような真摯な心情で、革命家、国民のひとり、ひとりの良心に問いかけを行なっている姿は、歴史上、稀なことであろう。この時、革命軍の赤と黒の旗とスカーフで飾られたハバナの大群衆が空に手離した白い鳩の一羽が、降下してフィデル・カストロの肩にとまった。その時から、地にありて天にある如き精神のフィデル・カストロは、自らの永遠の精神革命と共に、革命を支える人々、大衆の知的教育、「光明」そして「新しい人間」の創造が不可欠であることを認識し、早速、革命直後から、全国民の徹底的な識字率向上、教育キャンペーンを実施し、「思想の闘い」による永遠の精神革命を国民に訴えている。

「革命の達成が革命家を不幸にする」と悲観したシモーヌ・ヴェイユは、マルクス主義者、フィデル・カストロの体現している真の革命家の実像に接すれば、必ず、考えを改め、深い共感の想いを抱くであろう。

3＊人類の将来を示顕する人

フィデル・カストロは、度々「私は予言者ではない」と語っているが、人類の歴史と運命を深く認識しており、特に現在の終末的危機の状況においても、理想を放棄することなく、未来を凝視した「思索」を展開している。地にありて天にある如き人、天を仰ぎ、星を視る人を示顕者と呼ぶのであれば、フィデル・カストロは正に「人類の将来を示顕する人」といえる。ソ連・東欧社会主義体制の崩壊に劣らない深刻な資本主義体制の危機を直視すれば、大局的に人類の歴史を観察すると、表面的には勝者の如く見える様々な形態の制度・社会・機械を克服しているのは超越的な生命、精神、信仰（宗教）の力ではないかと思われる。そのような想い、確信から人類の歴史と将来を視たマルクス、シモーヌ・ヴェイユ、フィデル・カストロの思想の骨格を本項で考えてみたい。

シモーヌ・ヴェイユは「ノートブックス」の中で、人類の精神の流れ（思想史）の中で次のような根本的なマルクスの進歩・調和思想の批判的分析を行なっている。

「原始キリスト教は、キリストのメッセージを受けとるにふさわしい人間を教育するのが神の摂理であるとの考えから進歩の思想という毒を創作した。この思想は、諸国をキリスト教に改宗させるとの希望と共に間近にせまっていると考えられていた終末論に合致する考えでもあった。しかし、このことが実現せず、一六世紀末から一七世紀にかけて進歩の思想は、本来キリスト教の黙示論が対象としていたこの世（社会、国家）のコンテクストから、延長され、キリスト教とは敵対する性質の進歩の性質に変質せざるを得なくなった」

「キリスト教は、また、歴史の調和を発見しようと試みた。歴史は方向性をもった継続であるという思想はキリスト教思想に基づくもので、ヘーゲル、マルクスに受け継がれた。しかし、この考えほど完全に誤った思想は他にないのではないか。この考えは、成育（発生）するものに調和を求めようとする、すなわち、永遠なるものと、正反対なものに調和を求めようとするもので、反対の性質のものを誤って統一しようとする考えである。ヒューマニズム（人道主義）とその考えに連なって生れた全ての思想は、古代への復帰ではなく、キリスト教の中に含まれていた毒を発達させたものである」

シモーヌ・ヴェイユの進歩・調和思想批判は根源的な問題提起であり、その是非を論じる紙面の余裕はないが、特にマルクスの「生産の進歩」の考えについて、シモーヌ・ヴェイユは「マルクス主義学説？」の中で、次のように批判している。「人類の歴史の背後には、全能の精神、事態を導いていく知恵が存在することを、マルクスは、プラトンと同様に、認めていた。しかし、精神は善（良きもの）にむかうものであるが、「生産」は善ではないにもかかわらず、一九世紀の産業資本家が盲従していた生産の進歩という思想にマルクスも支配され、生産と善を混同してしまった。その誤った認識の結果、マルクスは生産が力関係の唯一の要因であると考え、戦争の存在を忘れてしまった。戦争と平和の問題に関するマルクスとマルクス主義者の考え、対応は全く不十分である。マルクスが考えた唯一の戦争は階級闘争による社会戦争であり、この戦争を支配するのは生産諸力という神秘的な精神であると主張する。トロツキーは、一九一四年の第一次世界大戦は、資本主義制度に対する生産諸力の反抗であると記しているが、このような解釈は全く無意味である」

シモーヌ・ヴェイユのマルクス批判にトロツキー批判が加わっているが、パリに亡命したトロツキーを自宅に泊めてやりながら、毎晩のように議論して、トロツキーを困惑させたシモーヌ・ヴェイユの姿が目に浮かぶようである。以上のような基本的問題に対するフィデル・カストロの思想と現実の姿は、シモーヌ・ヴェイユの思想に類似、共感するところが多い。

フィデル・カストロは、ハバナ大学中にマルクス・レーニン主義を研究し、一九五三年一〇月の武装蜂起に失敗した後の獄中で、マルクスの「ルイ・ボナパルトのブリュメール一八日」「フランスにおける内乱」、レーニンの「国家と革命」を読み、マルクスの「資本論」にも取り組み、本来はフランス革命の如き民族解放のためであったキューバ革命を社会主義に移行、発展させていった革命の戦略の構築に役立てていることはいうまでもない。

しかし、理想主義者であると同時に現実主義者でもあるフィデル・カストロは、「マルクス・レーニン主義、科学的社会主義は、特定の歴史的条件において生まれた思想であり、ドグマでも完全な真理でもない」ことを様々の機会に語っており、キューバ社会主義の実態は、教条的なソ連・東欧社会主義と全く異なっている。人類の歴史の「進歩」というマルクスの思想に関し、フィデル・カストロは、ソ連・東欧崩壊後の一九九九年一一月、ハバナで開催されたラテンアメリカ・ジャーナリスト連盟の第八回会議で「今日の夢は明日の現実」と題して次のように率直に語っている。

「マルクス主義は夢にあふれている。私が最も魅力を感じたマルクスの思想は、国家は将来、その役割を果たした段階で消滅するであろうという思想である。国家は現在の歴史的過渡期において必要な機構であり、不可欠であるが、現実の国家、われわれの国家も欠陥だらけで、非能率な国家である。社会主義社会は、嫌忌すべき、邪悪な資本主義社会よりはるかに良いが、不可避的に不公平な社会である。歴史は一直線に進行するものではない。進歩もあれば後退もある。ソ連・東欧諸国では国内における狭量、教条主義が進みすぎ、思想が宗教と官僚機構に転身してしまい、歴史を後退させてしまった。完成すべきものが壊されてしまった」

人類の歴史は、「精神（理想）死して制度と化す」の繰り返しの如くであり、直線的な進歩を懐疑的に視るフィデル・カストロの思想は、シモーヌ・ヴェイユ以上に現実を直視している。そして、進歩ではなく、不正な社会の「変革」を訴えて、次のように語っている。

「キューバは、様々の試練を経て、正義と人間的な精神を確立し、人間的で公正な社会を実現した。キューバは英雄精神に富んだ国であり、世界各地で正義を踏みにじる人々に対する闘いも、キューバ革命の存在理由である。現在の世界を搾取している非民主的、不公正、非人間的な経済・社会・政治制度は、人類を物理的絶滅の危機に追いやっているのみならず、人間を、盲目的な競争に追いたてる自己中心的な個人に変容させており、精神的にも人類を破壊している。世界は変革しなければならない。われわれの義務は、できる限り早い変革を実現させることで、これが、われわれの決意、確信、希望である」

ジャーナリストに語りかけたこのスピーチと同じ一九九九年、革命四五周年式典（一月）でのフィデル・カストロのスピーチは、実に、深い想いをこめて人類の文明の歴史が単純な進歩ではなく、「幻想と虚偽」に満ち、「権利ではなく力が支配する」実態を厳しく指摘して、次のように語っている。「アメリカ独立宣言、フランス人権宣言、国連憲章などに描かれた美しい理想は、醜い現実を改善することができていない。これまでの歴史の事実は、自然発生的で、活気のない、無政府の人間社会の展開にすぎなかった。全ての文明の歴史において、帝国、征服のための戦争、奴隷制と封建制、富める支配階級と貧しく搾取された階級の差別が、現在に至るまで存在し続けている。マルクスが、『人類が真に合理的で、公正で公平な社会を実現するまでは、歴史以前の状況を脱出したということはいえない』と論じたことは正しかった」

シモーヌ・ヴェイユは、マルクスの「進歩」思想を批判したが、フィデル・カストロはこのように歴史と文明の無秩序と虚偽の実態をマルクスが正しく認識していた事実を指摘している。フィデル・カストロの危機に瀕する人類の歴史と文明に対する認識は、マルクス、あるいは、シモーヌ・ヴェイユ以上に深刻であり、例えば二〇一〇年後半、イランをめぐる核戦争の危機に係わる一連の「思索」の中で、「イランをめぐって戦火が飛べば、地球規模の核戦争、第三次世界大戦に発展し、この戦争は人類最後の戦争となり、生き残ることのできる「人類」は、弓と槍で戦争することになるであろう」と記し、人間の進歩、文明に絶望的な想いを語っている。なお、プラトン、ギリシャ悲劇を愛するシモーヌ・ヴェイユは、古代ギリシャ文明を高く評価しているが、フィデル・カストロは、上述した革命四五周年式典スピーチにおいてギリシャ都市国家が奴隷制に築かれた民主主義であった事実、ギリシャ文明の驕りを指摘している。このスピーチは、広島・長崎を世界の危機と「犠牲」の象徴としてとらえたフィデル・カストロの深い精神的・宗教的境地を示す感動的なスピーチであるが、人類と文明の存続を希求する高貴な精神に支配されているフィデル・カストロは、次のように語って絶望を拒絶している。

「これまでの人間社会の発展が、無秩序、不公正であったとしても、過去の歴史に類を見ない現代の危機において、われわれが、これまでと全く異なった、真に合理的な世界を創造するための闘いを試みることは、人間の知性にふさわしい試みである。われわれが目標としなければならないのは、公正で自由な社会といった高貴な願望を遥かにこえた人類の存続という課題であり、人類の存続のために不可欠な目標のために闘うことは、ユートピアではなく、現実主義と呼ぶべきである。私は、逆境において闘うことを放棄しない人々、創造し、生産し、価値と思想を育成する人間の能力を信じる人々、そしてよりよき世界の建設が可能であるという美しい信条を信じて人類の未来に希望をつなぐ人々を賞讃したい」

フィデル・カストロの精神は、時間と空間を超える永遠で無限の世界を凝視するかのようである。

キューバの「小さなフィデル」ともいうべき数多くの「ヒューマニズムの使徒」は、フィデル・カストロと共に、国家を超え全世界に拡がる精神をもって、存亡の危機にある人類を救うという挑戦に挑んでいる。

4＊「正義」とは、犠牲（苦難）を受け入れる義務

最近のフィデル・カストロの「思索」の中で、特にフィデル・カストロの悲哀と悲痛な想いを感じたのは、「行動を起す時が来た」と題する二〇一一年一月一九日の「思索」である。キューバ革命の歴史を簡潔に記したこの「思索」の中で、フィデル・カストロは次のような率直な想いを示している。

「革命の公正な理念を持って革命を進めたわれわれは必ずしも十分な経験を有していた訳ではなかった。主な誤ちは、理想主義を信じ、この世界には正義と人々の権利に関する敬意が確かに存在すると信じたことで、実際には、正義は全く存在していなかったことである。しかし、この事実にもかかわらず、われわれは闘い続けたし、闘い続けなければならない」

「キューバの革命家は誤ちを犯してきたし、これからも誤ちを犯し続けるであろうが、絶対に、裏切り者にはならず、偽り、偽善、価値観の欠如、権力の乱用、虐待などの誤ちを犯すことはなかったし、

これからもそうであろう」

フィデル・カストロとキューバ革命は正義と人間の尊厳を目的とするモラル革命であり、マルクス、シモーヌ・ヴェイユの革命思想も同質である。フィデル・カストロは、革命発端の「歴史は私に無罪を宣告するであろう」と題する自己弁論において、正義に対する確信を宣言して以来、最近に至るまで「正義」に対する信念を述べている。私がキューバに滞在していた際のエリアン少年のアメリカからキューバへの帰国実現のために全国民が参加した「理念・思想の闘い」を指導して実現したフィデル・カストロは「エリアンの帰国は、正義という高貴な目的を追求するキューバ革命が、国民の間に英雄精神と団結の確固たる基礎を築いたことを示した。そして、正義が決して敗れないことを示した」ことを誇らしげに宣言した。様々な機会におけるフィデル・カストロのことばには、「爆弾は諸国民の正義の反乱を殺すことはできない」、「人類は正義を熱望している」、「真に人間的な正義の思想は、力よりも強く、光にみちた道を開く」「われわれは、ずっと以前から残る人生の刻一刻を正義のために捧げている。われわれの終りなき闘いを支えるのは、偉大な夢、限りなき熱意、崇高な正義への愛である」など真実の持つ力があり、不正な現実にもかかわらず、正義を追求する世界の人々にとって希望と勇気の源泉となってきたし、人類が存続する限り、その役割りを果し続けるであろうことを確信している。

歴史と現実は、フィデル・カストロと革命キューバに無罪を宣告していない如くであるが、フィデル・カストロの正義への確信を支えるのは、超越的な力であり（次項で考えたい）、チャベスが、「フィデルは、この世から離れたところで生きているようだ」と感じたのは、キリスト者チャベスの直感で正しいと思う。人間の世では正義が敗れても、永遠の世界では正義は不滅であるというのがフィデル・カストロの信念であり、マルクス、シモーヌ・ヴェイユの思想も基本的に同一であると思う。この不正・不義の世において、フィデル・カストロと革命キューバが存続していることは、奇跡的な事実であるが、そのことを支えているのも超越的な摂理の力なのであろう。明年五〇周年を迎えるキューバ・ミサイル危機（一九六二年）を例にとっても、フルシチョフは解任され、ケネディは暗殺されたが、人類の歴史上も稀な極限的な危機を克服したフィデル・カストロとキューバの革命精神は超越的な力に支えられ、生き生きとしたエネルギーを維持し、孤独な闘いを続けている。

ここで、本項の主題から少し離れるが、本書の目的である「思索」を紹介する観点から「ミサイル危機」に関連する最近の「思索」にふれたい。正義の問題、核の行使の問題、あるいは「思索」が国際的に評価されている事実にもふれている。

二〇一〇年九月一〇日「思索」は、著名なユダヤ人ジャーナリストJeffrey Goldbergとのハバナでの会談に関し、次のように記している。「ゴールドバーグは、Atlantic Magazineに長い報告記事を記し、その中で、「フィデル・カストロの『思索』のレベルの高さに驚いた」こと、そして「ミサイル危機で、キューバ（カストロ）がソ連によるアメリカに対する核先制攻撃を助言したのは必ずしも正しくなかったことを認めた」と記述しているが、私の発言は、正確には、「その後の歴史の動きを観察し、現在知っていることを考えると（「核行使が不可能で、無意味であること」を意味すると思われる)、そのこと(核使用)は全く無意味なことだったと思う」である。」危機の真最中のやりとりの中で、フィデル・カストロがソ連の核予防攻撃を示唆したとフルシチョフが誤解したといわれる事実に関し、一九六二年一〇月二八日フルシチョフ宛書簡の中で、アメリカの核先制攻撃(その可能性は否定できなかった)を阻止するため、ソ連とキューバは最大限の闘いを展開する必要性を「最も危険にさらされている塹壕の中から、闘う兵士の一人として」訴えたのが真相である。

この「思索」はアラブ・イスラエルの敵対関係にふれて次のように語っている。

「私は決してユダヤ人の敵ではなく、マルクス、アインシュタインのようなユダヤ人に敬意を抱いており、ユダヤ人の大量虐殺(ホロコスト)を非難してきた。しかし、迫害されたのは、ユダヤ人だけでなく、古代ローマの初期段階での原始キリスト教徒はローマ人に迫害され、回教徒は一二世紀の長きにわたりキリスト教徒の迫害を受けてきた。歴史は悲劇的な現実と悲惨な戦争に満ち満ちていることを正しく認識する必要がある。この上、イランに対する戦争を開始すれば、アメリカは一五〇〇万人の回教徒と戦争することになるであろう。同時に真の革命家にとっては、平和を守るということは正義の理念を放棄することを意味するのではない。正義なくして、人間の生涯も社会の存続も全く無意味になるからである」

このような確信に満ちた正義への理想を語るフィデル・カストロの生身の姿に接することができたことに、私は心から感謝の想いを抱いており、フィデル・カストロと革命キューバを支えている真の革命家に出会うことがなかったならば、私の生涯は無意味であったと想う。

この揺るぎない正義への理想と確信、そして不正に対する激しい憤りが表現されているのが、現在に至るも未完の長文の「ヒロン湾の闘い」と題する「思索」シリーズである。本章でも紙面の制約もあり、膨大な内容を要約するのも不可能であるが、特に注目される部分のみ紹介したい。

二〇一一年四月一四日「思索」(「ヒロン湾の闘い」第一部)は、本年五〇周年を迎えた一九六一年四月のヒロン湾事件の一年前からのアメリカのキューバ敵視政策の不正行為を事実をもって次のように検証している。

「一九六一年四月一六日のヒロン湾侵攻の一年前に、アイゼンハワー大統領は、キューバに対する経済封鎖による革命崩壊の工作を決定した。当時のアメリカ国務省国務次官補の極秘メモは、『キューバ国民の大多数はカストロを支持しており、キューバには有効な反対勢力は存在しない。国民を革命政府から離反させる唯一の方策は、国民経済に困難と障害を加え、国民の不満と革命に対する幻滅を作り出すことしかない。そのため、キューバへの金、物質の補給を断ち、賃金を低下させ、経済力を弱体化させ、それによって、キューバ国内に飢餓、絶望、そして革命政府の転覆を実現する』という『カストロ政権に対する秘密工作プログラム』を指示した。素朴な農家出身の真面目な人間であったアイゼンハワーが、どうして、このような犯罪的で偽善的な政策を採用し、キューバという国家の独立と正義を攻撃することを許容したのであろうか？　それはアイゼンハワーの判断ではなく、キューバ人の権利などに全く無関心なアメリカの資本主義制度と豊かな特権階級の絶対的な威力にアイゼンハワーが従ったからである」

アイゼンハワーの対応は、その後、理想主義者のケネディーに継承され、ヒロン湾侵攻が実行され、ミサイル危機が発生し、経済制裁と圧力によりキューバ革命を崩壊させるとの方針は、カーター、クリントンにも続き、フィデル・カストロが相手とする一一人目のアメリカ大統領オバマの対キューバ政策についても懐疑的であることを二〇〇九年八月二四日「思索」（「私が誤っていればいいが」）で、次のように語っている。

「医療保険改革を契機に、オバマ大統領の影響力が根本的に低落している。混乱と敵意と極端な保守思想がアメリカ社会を支配しつつあり、オバマの改革の試みを「社会主義的」とか「ナチズム」とかの表現で批判する動きは、アメリカが本質的に人種差別主義国家であることを反映している。オバマは人種差別の屈辱を体験し、マーティン・ルーサー・キングを尊敬する人間であったが、アメリカの帝国主義的な資本主義制度の中で政治的に成功を収め、制度を変革することを望まないし、変革することもできない」

また、「永続することが許されない国（アメリカ）の政策」と題する二〇一一年五月一九日「思索」でも、次のように記している。

「オバマ大統領は、全ての問題のマスター（主人）になれる訳ではなく、重要なことばを操るだけにすぎない。アメリカ独立当時から、二三四年経過した現在、アメリカ帝国の権力を保持しているのは、憲法で定められた大統領ではなく、国防省とCIAである」

半世紀に及ぶフィデル・カストロの「正義」の闘いをよく観察すると、その実態は、世界の無限の悲惨を背負う苦難を自らのそして革命キューバの義務として果し続ける超越的な力を与えられていることである。フィデル・カストロが権利ではなく義務に生きる稀有な人間であること（第9章において記した）を予想するかの如く、シモーヌ・ヴェイユは、「神の愛についての思索」で次のような内容を記している。

「厳しい現実に生きるわれわれ人間は、未来には善きことが与えられると信じるが、それは自らを偽っているからである。未来は現在と同一のものである。われわれは、必要なものと善を混同したり、偽りの神を信じたりするが、偽りなく自己を凝視すれば、この世には生きる価値のあるものが存在しないことを理解できるはずである。われわれは、悪、罪、苦難が複雑にからみあったコンプレックスの泥沼にひきずりこまれている。このことは、われわれの意思に反する現実であるが、気がつくと恐怖を覚えるような厳然たる事実である。自らを偽らず、この世が耐え難いものであることを認識し、その運命に反抗しないで最後まで忍耐する者は、この世をそのまま受け入れることの力を、時間を超越したある領域から与えられる」

このシモーヌ・ヴェイユの思想を体現しているのが、フィデル・カストロであるが、マルクスも同様な人間であったことをホセ・マルティは次のように分析している（一八八三年「マルクス追悼のことば」）。

「マルクスは、世界を新たな基盤の上に創造する手段を研究し、古い亀裂の入った支柱を破壊することを教えたが、時に、あまりに急速に、また、暗闇の中を走りすぎたようでもある。しかし、マルクスは、人間の悲惨と人間の運命に深い洞察を有し、善きことを為す情熱に燃えた。マルクスは自分の中に抱いていた反抗、正義の大道、闘争の精神で全ての事を理解した。労働者の世界における最も高貴な英雄であり、最も力強い思想家であった」

ホセ・マルティ自身、マルクス、フィデル・カストロと同様に、人間の悲惨に心を傷める「真の天才」であったが、シモーヌ・ヴェイユはそのことについて、次のような鋭く、厳しい分析を記している（「神の愛についての思索」）。

「われわれは、極度の苦難に打ちひしがれる時には、他の人間の極度の苦難にも、自らが責任があることを認識する必要がある。われわれは、臆病さ、卑劣さ、無気力、無関心あるいは無知によって、他の人々に苦難をもたらした共犯者である。われわれは、人々に苦難をもたらす多くの罪を防止することは出来なかったかも知れないが、少なくとも、そのような罪を非難することを怠ったり、それを是認する世論を黙認する。その共犯の罪により、われわれが与えられている苦難は決して厳しすぎる刑罰ではない。われわれは、われわれ自身の苦難に憐れみを抱く権利は有していない。この世の制度や習慣の中には、あまりに残酷であり、われわれの唯一人として、共犯の罪から逃れることはできない。少なくとも、犯罪ともいえる無関心の罪をわれわれ一人一人が犯しているのは事実である」

シモーヌ・ヴェイユの思索は極めて厳しいが、私のささやかな体験からも、日本のみならず世界各国と一人一人の個人がこの無関心と卑劣さによる数多くの罪を犯し続けていることを痛感している。世界の悲惨の象徴ともいえるパレスチナの人々の正義の反乱を長年指導してきたアラファト議長が二〇〇四年一一月、イスラエルの政治的・軍事的圧力により死亡する直前、「この世界の沈黙はどうしたことか！」と悲愴な表情で訴えていた姿は、その一六年前、凛々としたアラファトにタンザニアのダレサラムで会見したことのある私にとって、決して忘れることのできない瞬間であった。「世界の子供一人一人の苦しみに心を傷める」フィデル・カストロは、半世紀にわたり、そして現在も、更にある意味では永遠に、この罪と悪に満ちた世界の冷酷さによる苦難を背負う神聖な義務を果すという正義の闘いを続けている。シモーヌ・ヴェイユは「真実と苦難の間には天然の同盟関係がある。苦難と真実は共に無言の存在であり、この世の中にあっては、永遠に黙して語ることをしない」と記している（"Human Personality"）。

シモーヌ・ヴェイユが死の直前まで「マルクス主義学説？」を執筆していたのは、結局、マルクスの正義への熱望と実現のための真剣な闘いに深い共感を抱いていたからだと想われる。この論文は、「マルクスは本質的な真理を認識した。それは、人間が正義を知るのは、ただ人間が……」という部分で未完となっている。北国イギリスの夏は日本の酷暑よりしのぎやすく、田園風景を彩る緑は美しい。サナトリウムで死の床についたシモーヌ・ヴェイユの魂は「神々しい純粋さを映し出す鏡」と記した深々とした緑に包まれたイギリスの自然の中で、すでに不滅の存在に回復され、永遠の精神の世界で、マルクスの精神と正義を語っていたのではないだろうか。

5＊地にありて天にある如く――超越的なものの力

終末的な現在、マルクス主義の是非を論じるのは本書の目的ではない。シモーヌ・ヴェイユのマルクスの批判的分析がなされてから、ロシア革命、ソ連・東欧の変貌、そして世界の変化は巨大であり、フィデル・カストロも「マルクス主義は特定の歴史的条件の下での理論であり、ドグマではない」と語っている。

シモーヌ・ヴェイユが真剣に考察した「マルクス主義学説」の最も根源的な問題は超越的なものの存在と人間、社会の係わりについてのマルクスの思想、想いであったが、それ以外にも、例えば、次のような分析を記している。

「マルクスの『労働の哲学』は唯物論とはいえない。労働の哲学をまとめるため、マルクスは当時流行していた科学主義とユートピア社会主義という形而上的な雲を利用したが、結局空虚な内容にすぎない。また、社会構造を規定する力関係が、人間の運命、思想をも全面的に決定する体系を作り上げたが、これは無慈悲で正義の希望も残さない。マルクスは、人間の希望の確実さのため神の代りに物質を選んだ」

「マルクスは量が質に転化する事実を認識したが、その際、堕落が伴うことを忘れた。また、マルクスは肉体労働と知的労働の統合を試みたが、労働者は、知的劣等感と自己満足の二重の障害を抱えており、統合が実現するためには、肉体・知的労働双方を超越する領域から出発する必要がある」

シモーヌ・ヴェイユは病弱の身で、工場労働者、農業労働の苦しい体験に飛びこんで行った純粋な思想家であり、フィデル・カストロ、チェ・ゲバラなどキューバ革命のリーダーは、率先して、さとうきび収穫など肉体労働に従事している。また、「量が質に転化する時、堕落が伴なう」必然性を直感的に認識していたフィデル・カストロが、ソ連の大規模な官僚化、組織化、国営農場の失敗を学ぶ必要もなく、キューバ革命の当初から、農地改革による個人農業の促進、「新しい人間」という個人尊重の精神を貫徹していることは、これらの問題についてのシモーヌ・ヴェイユのマルクス批判の正しさを実証している。

シモーヌ・ヴェイユが長年にわたり、死の直前にいたるまで思索を続けたのは、真の革命により人間の未来を回復するために不可欠な超越的なものの力と、「真の天才」マルクスの超越的なものの認識についてであり、例えば次のような独創的な分析を記している。

「マルクスは、社会を根本的な人間的事実であると認識し、その力関係を研究するという天才的な思想を持った最初で唯一の人間であるが、その力関係が人間の思想・運命を全面的に決定するという無慈悲な体系を構築した。一方でマルクスは正義と真理、善を欲求し、信じたため、神に代って物質の全能という同盟者に頼らざるをえなかったのは、唯物論者として不可避の不条理であった」

「この矛盾は、マルクスに限らず、人間の本質的矛盾でもある。人間の存在は、善に対する努力を実存的に（生れながら）持ちながら、善とは絶対的に無関係な必然性に服従させられている。マルクスに限らず、人間の思想に見られる矛盾は、誤ちのの規準ではなく、真理の兆候（サイン）でもある。人間の能力が近づくことのできない真理の超越的な領域に接するために、人間には思想（思索）の矛盾を克服する努力が求められている。この試みは超自然的に見えるが、現実的で実際の現象である」

シモーヌ・ヴェイユが「真の天才」とよぶプラトン、マルクスは、このような超越的な領域を認識することのできた人々であるが、私にとっては、フィデル・カストロとホセ・マルティもそのような「真の天才」である。

シモーヌ・ヴェイユは「ノート・ブックス」で、一層厳しい表現でこのことを語っている。「実在（Reality）と存在（Existence）は異なるものである。悪は存在しても実在性（リアリティー）を喪失している。善はリアルである」「地にありて天にある如き」人々のみが、リアルに実在する真の人間であるといえよう。

シモーヌ・ヴェイユ、フィデル・カストロにとって、そして、人類の未来回復のためにとって最大の課題は、「地にありて天にある如き」力を如何にして得ることができるのかということであると思う。

シモーヌ・ヴェイユは、次のような深々とした分析を記している。

「善（正義・真実）と人間存在の必然との間の矛盾は無限の距離によって隔てられており、全体として他者の関係にある。正義と力との矛盾も同じである。これに統一を与えるのは神秘であり秘密である。唯物論は物質による善の自動的生産を説いたが、これは誤った低いレベルの宗教の形態と同じ誤ちを犯している。プラトンは、『善は必然により自動的に生産されるのではなく、精神は説得によって、発生する事物の大多数を善に向かわせるように指導することによって、必然を支配する』という思想をのべている。このプラトンの精神性（超越的な考え）と唯物論は、無限小によって隔てられているにすぎない。この世における超自然の領域は秘密であり、沈黙した無限小である。しかし、この無限小の動きは決定的である」

「マルクスは、労働者階級、弱者の人々が、革命によって社会的な権力を獲得し、弱者としてとどまりながら強くなると夢見た。弱さ（弱者の人々）としての弱さが、弱き存在としてとどまりながら、強さ（力）を発揮できるという思想は、十字架に示された如きキリスト教の思想でもあるが、しかしながら、そのような強さとは、強き者が行使する強さとは全く異なった本質のものである。それは、この世のものではなく、超自然的な方法で、決定的に、密かに、静かに無限小の外観をとりながら、働きを行使する。そのような力は、放射される光の輝きによって、人々一般に浸透し、影響を与えることがあっても、一般大衆の中に存在することはなく、特別な魂の中にのみ存在する」

一見神秘的とも思えるシモーヌ・ヴェイユのこのような思想は、私にとってフィデル・カストロと革命キューバの実像を予想し、説明する極めてリアルで真実の思想だと思われる。シモーヌ・ヴェイユもフィデル・カストロも、キリスト教と宗教という人間の制度が犯してきた数多くの誤ち、犯罪を深く認識しているため、できる限り「神」「キリスト」「キリスト教」ということばを語らないようにしているが、その根幹にあるのは「十字架にかけられたイエス・キリスト」が及ぼしている巨大な神秘的、超越的な力の認識である。

「われわれは、この世の巨大な悪、邪悪な制度の共犯者である」とシモーヌ・ヴェイユが「神の愛についての思索」で記した時、「われわれは、幾世紀も前に、イエスという完全に純粋な存在が、われわれの苦難より、遥かに恐るべき苦難を受け入れた事実を良く考えれば、われわれは、われわれ自身の苦難に憐憫の気持ちを抱く権利は全くない」と断言している。政治的リーダーとしてのみ理解されているフィデル・カストロが、唯一度だけであるが、私との深夜の会談で、「十字架にかけられたイエス・キリストの教えと倫理に従って生きることが私の運命だと思っている」と語った時の驚きと深々とした想いは今に至るも鮮烈である。「地にありて天にある如き」フィデル・カストロの力（パワー）の秘密はここにある。その力によって放射している光がキューバの英雄精神に満ちたヒューマニズムの使徒の群像を創造し続け、キューバと世界の多くの弱き人々に浸透している。

最近、二〇一一年五月一九日「思索」（「永続することが許されない帝国（アメリカ）の政策」）の冒頭でフィデル・カストロは、次のように語っている。

「帝国は自らの悪業にあがきながら、人類を破滅にひきずり込んでいるのではないだろうか、しかし、絶滅の危機に瀕している人類が存在し続ける限り、全ての人間は希望を放棄しないという神聖な義務を有している。倫理的に考えれば、これ以外の態度をとることは許されない」

とても判り易いことば使いであるが、絶望的な終末の時代に、このように正義と善を追求する人間の神聖な義務を、このように確信をもって語るフィデル・カストロの魂の力が年々、日に日に深く成長していることを私は強く感じる。その不滅な魂が放射する不思議な力は、真理を追求する人々に放射され、リアルな勇気と希望の源泉となっている。二〇一一年七月三日「思索」はフィデル・カストロをこのように「世界を離れている」と深く感得し、敬愛するチャベス大統領が、自ら病と闘っているフィデル・カストロの親身なアドバイスとキューバ医師の心と世話を信頼したため、六月下旬キューバの病院で癌手術を受け、手術後、順調に回復している事実を謙虚なことばで語っている。チャベスとフィデルの特別な信頼関係は、不滅な魂を持つ人の特別な関係であるが、チェ・ゲバラ死去二〇周年の一九八七年式典で、フィデル・カストロは次のように率直に語っている。「私にとってチェは永遠に存在し続けている。革命直後の特別の緊張にあふれた時期は、ほとんど非現実的ともいうべき特別な歴史の瞬間であり、われわれは英雄的で栄光ある行為に満ちた歴史的な時代と闘いを共に闘い続けた。私とチェの関係は、特別のものであったという他はない。私は、チェが生きたままの姿で私に現われる夢を幾度となく見た。チェの実在感は異常なほど強く、まるで、肉体を持ったチェが、その思想と行動と共に私に迫って来るような感じがする。」。このようなフィデル・カストロのことばは、不滅で永遠な魂の確実でリアルな結びつきを物語っている。チェ・ゲバラと共にフィデル・カストロの長年の革命の同志で、「キューバの英雄」と称されていたファン・アルメイダ副議長が、過労と心労のため二〇〇九年逝去した際、フィデル・カストロは「思索」において、「アルメイダは現在、以前よりも生き生きと私と共にいる」と同じ想いを語っている。黒人革命家のアルメイダは、日本、世界でほとんど知られていないが、私はハバナ滞在中親しく接することがあり、「「広島、長崎」という曲を作曲して日本に行くのが夢だ」と私に語っていた芸術家でもあるが、日本訪問は果せなかったが、「ヒロシマ・ナガサキ」という美しい叙情にあふれ、そして原爆の終末的なドラマを反映する曲を録音したCDを私共に送ってくれ、永遠の魂の世界に入った。

アルメイダと共に、私が接し、敬愛したカルロス・ラへ副議長、チェ・ゲバラなど多くのキューバ革命家は、宗教・信仰を語ることのない無神論者といえる人々であるが、フィデル・カストロにとっては、高貴な不滅の魂であることで永遠に結びついている。フィデル・カストロは、「思索」でも、「チャベスはキリスト者であるが、私はマルクス主義者であり、ホセ・マルティの信奉者である」と度々語っている。二〇〇二年チャベスが軍事クーデターにより処刑される危機にまで至った時、チャベスは「キリストとチェ・ゲバラのことを想い立派に死のうと考えた」と語っている。その際、フィデル・カストロは、遠く離れたハバナの地から、ヴェネズエラのチャベスの娘や事態の推移の鍵をにぎるヴェネズエラの政治家、将軍に電話をかけ、刻々と変化する状況をキューバテレビで生放送し、世界に発信し、反乱の動きを逆転させ、チャベスの生命を救った。文字通り「地にありて天にある如き」フィデル・カストロの存在と精神にチャベスが敬服するのは自然なことと思える。

「天にある如き」フィデル・カストロの精神が「十字架にかけられたイエス・キリスト」と一体となっていることを詳しく説明する紙面の余裕は全くなくなった。前著『フィデル・カストロ――世界の無限の悲惨を背負う人』（同時代社）の第八章「キリストの十字架・宇宙の精神に生きるフィデル・

カストロ」で一五〇頁にわたって詳述したので、御関心のある方は、是非、お読みいただきたい。

フィデル・カストロが背負っている世界の無限の悲惨は、世界を支配する不正、悪、暴力、罪がもたらしているもので、その人類の悲惨な運命と歴史を背負っている精神の偉大さと力の源泉は「十字架にかけられたイエス」である。私が感じるのは、フィデル・カストロのみでなく、キューバ全体がマルクス、シモーヌ・ヴェイユと同様に十字架にかけられているが故に、その苦難を忍耐するという神聖な義務を黙々と果し続けている尊厳に満ちた存在である。フィデル・カストロが「私はマルクス主義者である」という時、必ず「同時にホセ・マルティ主義者でもある」と語ることには深い意味がある。ホセ・マルティはキリストについて次のように語っている。「人類は、小さな神であったキリストを、最も偉大な人間という存在に変貌させてしまった。われわれは、十字架にかけられたキリスト、はだしで両手を広げてわれわれを受けとめようとしている赦しの心を持った魅力あるキリストの姿に戻る必要がある。人間は、如何に偉大であろうとも、創造者の眼差しの反射にすぎない。人間は原点に回帰することにより進歩が実現するのではないだろうか」。いわば真正の原始キリスト教の精神に生きたホセ・マルティの精神を継承しているのが、フィデル・カストロと革命キューバである。

世界の無限の悲惨という悪は、善なる魂を持ったフィデル・カストロ（ホセ・マルティ、マルクス）において、純粋な犠牲の苦難に転化・昇華している（シモーヌ・ヴェイユそしてキリスト自身）。フィデル・カストロは、この十字架の苦難は、自らが熱望している正義、公正、善の影であるとの秘かな想いを、超越的なものの力により、苦難の重荷に耐え、闘い続けるエネルギーと慰めを得ているのではないだろうか。ローマ法王ヨハネ・パウロ二世をハバナに迎えた（一九九八年）フィデル・カストロは「ヨブの忍耐」を語った。自らの生命も魂の救済も放棄して、ただ、苦難という義務を果す忍耐こそ、フィデル・カストロの真の姿である。テインデル訳の「ヨハネによるキリスト伝」の冒頭では、「初めにロゴス（word）ありき。………ロゴスの中に生命あり。この生命は人の光である。光は暗きに照り、暗きはこれを理解せざりき」と記されている。宇宙万物の創造以前、時間と空間も存在しなかった永遠、無限の世界から存在していたロゴスは、神学的には、神、キリストと一体と解釈されているが、私は、ヨハネの「ロゴス」は、宇宙の善きものの全て（正義、真理、美、善など）を支配する精神、原理であり、シモーヌ・ヴェイユの「超越的なもの」と同一のものではないかと思う。このロゴスがホセ・マルティとフィデル・カストロ、チェ・ゲバラとマルクス、シモーヌ・ヴェイユとベートーヴェンなど高貴な魂に生きた不滅の人々を、時間と空間を超越した永遠の世界で結びつけている。この終末的世界で人間の歴史を背負って闘い続けるフィデル・カストロは、天にある如く人類の将来を示顕し、存続すべき人類の未来回復のための革命を熱望し、永遠に「思索」の種をまき続けてくれるであろう。

「永遠に」というのは幻想ではない。フィデル・カストロの「思索」が心に響くのは、生々しい体験に裏づけられた「ことば」に秘められた永遠の精神であり、たとえば、ベートーヴェン「ミサ・ソレムニス」の「神の小羊よ、われらを憐れみ給え」の音楽が音を超えて響きわたるベートーヴェンの魂と同一の永遠のロゴスである。

シモーヌ・ヴェイユの「神の愛にについての思索」の最後には、次のような深閑とした想いが記されている。

「この世界を支配するのは必然の法則であり、目的ではなく、『どうしてこのような無限の悲惨が?』という疑問に答えは得られない。しかし、苦難を忍耐する正義の人は、愛することのできる人であり、神の愛の『ことば』が沈黙であることを理解する。この世の必然は、神の沈黙の鼓動である。創造された者、私たちの魂は常に騒音に包まれているが、魂の沈黙する一点が神の沈黙に呼応する時、私たちの心は宝物を得る。このことは、苦難(と美)によってのみ可能となるが、厳しい苦難を忍耐することのできる人は、苦しみの慟哭の中で真珠の如き神の愛・沈黙を発見することができる」

フィデル・カストロの「思索」は、永遠に神の愛・沈黙を伝えるロゴスである。

あとがき

私がキューバに着任した一九九六年に七〇歳を迎えたフィデル・カストロは、二〇〇六年の八〇歳誕生日の直前に病に倒れ、生死をさまよう闘病を克服し、元首の地位を去った後、新たな天職を与えられ、病床から連日の如く「思索」を執筆し続けている。「思索」はキューバではスペイン語、英語の数冊の書となってまとめられているが、日本を始め多くの国では無関心あるいは無理解に放置されているのは、革命家フィデル・カストロとキューバのたどってきた運命と同一の如くである。

この「思索」の内容とフィデルの悲愴な想いを少しでも伝えたいというのが本書の目的であるが、現代文明、社会の危機全般に係わる多岐の分野の膨大な「思索」の内容を体系的に紹介、要約するのは今の私には困難だと思えたので、特に私の心をとらえたトピックス、「思索」について紹介することによって、「思索」の精神を伝えることができればというのが念願である。

私は二〇〇〇年にキューバから帰国してから、一度もキューバを訪れていない。フィデル・カストロに会う機会もないが、遠く離れた日本の地で「思索」を読み続けていると、フィデルの肉声を目の前で聞いている想いがし、また、地にありて天にある如きフィデルの精神、魂が、日に日に深まっていくのを感じ、この終末の世界において、このような貴重な役割を果し続けているフィデルに対する敬意と感謝の想いが自然に湧き出てくる。

二〇〇五年、前著書『フィデル・カストロ——世界の無限の悲惨を背負う人』（同時代社）を出版させていただいた時には「フィデルについては記すべきことは書き尽した」という想いで新たな書を執筆することは全く予想しなかった。幸い、前著については最近に至るまで、思わぬ形で読者の反応に接することがあり感謝している。「至近距離でのカストロの描写は貴重であり、臨場感にあふれ、牽引力がある」「一次的（歴史的）資料としての価値があり」「読み進むのがおしいような気がする」などのことばを寄せられる方々もいれば、本書により初めて「フィデル・カストロとキューバの尊厳と正義の真実」に接し、自ら確かめようと、キューバを訪問された方々もおられる。しかし、前著は大部（六三五頁）で高価でもあり、コンパクトな要約版を執筆してほしいという要望も当初から多く寄せられた。前著は、私の体験を基にしたパーソナルなフィデルの素描なので、要約することはほとんど不可能であり、そのままの形で読んでいただければ幸いだと考えてきた。しかし、上述したとおり、「キューバ革命のリーダー」として今に至るもキューバ国民に敬愛され続けているフィデルの必死の奮闘ぶりを日本の方々にお伝えする義務があると感じ本書をまとめることにした。この機会に前著の要約を兼ねる目的で、第2章「私が体験したフィデル・カストロとキューバ」（二〇〇〇年帰国直後、首都圏コープ主催講演）、第3章「フィデル・カストロが語るキューバ革命の精神」（二〇〇五年『フィデル・カストロ——世界の無限の悲惨を背負う人』出版記念会講演）、及び第4章「平和を追い求めるフィデル・カストロ」(二〇〇七年社会福祉法人「新生会」創立七〇周年講演及び「新生」寄稿小論文)を活用した。「思索」の内容を紹介する目的で執筆した第5章から第9章までの五篇は二〇〇八年から二〇一〇年の季刊誌『ひとりから』に掲載されたものであり、第3章、第4章の分と共に、転載を許可していただいたことを新生会と『ひとりから』編集室に謝意を表明したい。

第5章「現代文明の危機を告発する単独の人、フィデル・カストロ」、第6章「キューバ革命五〇周年を迎えたフィデル・カストロ」、第7章「日本が育て、必要とするのはモラル・ミサイル」、第8章「ハイティと世界が必要とするのは英雄精神に満ちたヒューマニズムの使徒」の内容はタイトルの示すとおりであるが、第9章「果樹の花々の咲くロンドンの春」は、フランスの女性思想家で私が真の革命家だと感じるシモーヌ・ヴェイユの思想をフィデル・カストロの精神、キューバ革命思想と関連させて考えた論文である。

二〇〇七年から現在に至る「思索」の内容と意義を要約する目的で書き下ろしたのが第1章「人類の経験を背負う「思索」の人」であり、更に現在黙示録的な世界に直面している私がフィデルの「思索」の他に、誰よりも心をひかれ、熟読しているシモーヌ・ヴェイユの著作(特に「マルクス主義学説は存在するか」)をフィデル・カストロとキューバの視点から考えて試みたのが第10章「人類の将来を示顕する人」である。全体の流れを読者に理解していただきたいと考え、序章「正義を激流の如く奔流せしめよ」を記した。

序章、第1章、第10章、あとがきは、東日本大震災後、二〇一一年五~七月に執筆した。

前著書はやや固い表現も多いので、今回はできるだけパーソナルな内容、読みやすい表現とするよう努めたが、深刻なサブジェクトなので、硬苦しさが残っていることをお許しいただきたい。各章が独立した内容なので（同じフィデル・カストロのことばの引用もあるが）、好きな章から単独にお読み願いたい。

なお、本書の掲載写真は、ほとんど全てが前著書でも掲載させていただいた「一〇〇枚の写真で見るキューバ革命」（キューバ国家評議会）、「グランマ紙」の写真であるが、「フィデル・カストロ・ルス」（九頁）、「デモ・エリアン事件」（七七頁）、「ファン・アルメイダ・ボスケ」（九八頁）、「カルロス・ラへ」（九九頁）、「写真家・コラレス」（一〇〇頁）は、写真集『CUBA—A PHOTO DIARY』（EIKO TANAKA、同時代社）より転載させていただいた。

前著書同様、本書の内容は全て私の個人的見解であり、職務上知りえた秘密の保持あるいは倫理上記すことができなかった内容もあることを改めて記しておきたい。

日本のみならず世界のフィデル・カストロ像は無理解、偏見、悪意に歪曲されているので、前著書の内容を早い機会に英訳したいと念願していた。しかし、その後フィデル・カストロは大手術と闘病生活から不死鳥の如くよみがえり、精力的に「思索」も発表し続けており、二〇〇六年末には、フランス人ジャーナリストのインタビューをもとに「私の生涯」という大部の伝記を完成し、その英訳は“My Life”として出版され、私の著書の英訳の意義に再考を迫られた。ただ、私の個人的な体験とひとつの輝かしいキューバの時代（一九九六年～二〇〇〇年）の証拠としての歴史的な資料としての価値はあると考えられるので、今回の執筆書の英訳と共に私のライフワークとして残しておきたい。

二〇〇三年にキューバ革命記念日でもあり、革命の発端となった「モンカダ襲撃記念日」（七月二六日）の五〇周年があり、二〇〇六年末には「グランマ号上陸」五〇周年、そして二〇〇九年一月には革命五〇周年を迎えたキューバは、本年二〇一一年四月には、アメリカの工作によるキューバ侵攻を打破した「ヒロン湾の勝利」五〇周年の機会に、一四年ぶりに第六回キューバ共産党大会を開催したフィデル・カストロの最終日の出席は、厳粛な歴史の瞬間であった。明年二〇一二年は、人類が核戦争の危機に直面した「キューバ・ミサイル危機」五〇周年を迎え、更に二〇一七年には永遠の革命の英雄、チェ・ゲバラの死後五〇周年となる。フィデル・カストロの魂と精神が不滅であり、また、キューバ革命が今後とも世界と人類のあり方に貴重な教訓を与え続けることは確実だと思われる。フィデル・カストロの「思索」が、人類に希望と勇気を与えるものとして、永遠に継続されることが、私の夢であり願いである。

二〇一一年七月二六日　五八周年を迎えたキューバ革命記念日に

田中三郎

【著者略歴】
田中三郎（たなか・さぶろう）
1941年生まれ。福井県武生高校、東京外国語大学英米学科を経て英国オックスフォード大学（哲学・政治・経済学科）卒業。外務本省では、太洋州課首席事務官、外国プレス室長、査察室長、領事第2課長、大臣官房審議官などを歴任。在外交館では、在英国大（大使館、以下同じ）書記官、在ルーマニア大参事官、在プレトリア（南アフリカ）総領事館首席領事、在ハンガリー大公使、在英国大広報文化センター所長、在タンザニア大公使・臨時代理大使などを歴任。1989年より、岐阜県国際交流センター理事長（岐阜県理事）、内閣情報調査室次長、在シドニー総領事の後、1996年より2000年まで駐キューバ大使。
著書に『フィデル・カストロ――世界の無限の悲惨を背負う人』（2005年、同時代社）がある。

フィデル・カストロの「思索」
人類の経験を背負う人

2011年9月8日　　初版第1刷

著　者　　田中三郎
発行者　　高井　隆
発行所　　株式会社同時代社
〒101-0065　東京都千代田区西神田2-7-6
電話　03(3261)3149　FAX　03(3261)3237
装　幀　　クリエイティブ・コンセプト
組　版　　有限会社閏月社
印　刷　　モリモト印刷株式会社

ISBN978-4-88683-705-9